Evelyne Kern

1001 Lüge

Bezness – das Geschäft mit den Gefühlen
europäischer Frauen und Männer

Bibliografische Informationen der Deutschen Bibliothek:
Die Deutsche Bibliothek verzeichnet diese Publikation in der
Deutschen Nationalbibliografie; detaillierte Dateien sind im
Internet über http://dnb.ddb.de abrufbar.

Impressum:
© 2012 Verlag Kern, 3. überarbeitete Auflage 2014
Autor: Evelyne Kern
© Inhaltliche Rechte bei den Autorinnen
Herstellung: Verlag Kern, Bayreuth
Umschlagdesign und Satz: www.winkler-layout.de
ISBN 978-3-939478-805
ISBN E-Book: 978-3-939478-911

Evelyne Kern

1001 Lüge

Bezness – das Geschäft mit den Gefühlen europäischer Frauen und Männer

Danke für die Unterstützung:

Dieses Buch enthält Beiträge von
Fachtherapeutin Psycho-Therapie (HPG) Dr. Yvonne Arnhold
Journalist Guido Grandt

Inhalt

*Dieses Buch ist allen Frauen und Männern gewidmet,
die an die große Liebe glaubten und am Ende erkennen
mussten, dass sie nur Mittel zum Zweck waren.*

Wie es zu diesem Buch kam

Ich weiß nicht, wie lange ich schon den Gedanken mit mir herumtrage, dieses Buch zu realisieren. Deshalb zu realisieren, weil es immer noch genügend Menschen gibt, die erstaunt dreinblicken, wenn man ihnen etwas über Bezness erzählt. Immer wieder stellte ich diesen Gedanken hinten an und immer dann, wenn wieder ein besonders schwerer Fall von Bezness bekannt wurde, der bearbeitet werden musste und die Betroffene unsere Hilfe benötigte, sagte ich mir: Es reicht, die Öffentlichkeit muss erfahren, was hier vor sich geht!

Einen kleinen Teil der Welt habe ich ja bereits erreicht. Immerhin haben bis dato weit mehr als 4,5 Millionen Menschen die Internetseite 1001Geschichte.de besucht und sich über Bezness informiert. Auch habe ich meine Kraft dafür verwendet, die Medien zu sensibilisieren. Viele folgten und unterstützten uns mit umfangreichen Berichterstattungen (siehe Medien im Anhang). Aber dazu später mehr.

Manche Menschen haben es verstanden, andere dagegen reagieren völlig verständnislos. **Bezness ... was ist das?**

Vor mehr als 20 Jahren begegnete ich dem *Geschäft mit den Gefühlen* das erste Mal.

Es war 1989 als ich in Tunesien auf den Mann traf, der mein ganzes Leben veränderte. Ihm zuliebe und weil meine Ehe in Deutschland ohnehin am Ende war, zog ich in das muslimische Land in Nordafrika. Als Journalistin könne man überall auf der Welt arbeiten, dachte ich – doch das gestaltete sich schwieriger als ich annahm. Mit Englisch konnte man dort nicht viel anfangen, mein Französisch reichte nicht aus und Arabisch musste ich erst lernen. So schrieb ich anfangs lediglich Reiseberichte, die oft gar nicht gesendet oder gedruckt wurden, weil ich schrieb, was mir in diesem Land nicht gefiel und sie so der Zensur zum Opfer fielen. Ansonsten lebte ich von meinen bescheidenen Anteilen an einer Zeitung in Deutschland.

Das Leben in Tunesien war anfangs schön. Zwei Jahre lang pendelte ich noch hin und her, bis mich mein tunesischer Freund mit seinem Charme und gekonnten Liebesschwüren dazu brachte, ganz in sein Land zu ziehen. Ich verkaufte die Zeitungsanteile, heiratete ein weiteres Jahr später meine vermeintlich große Liebe in Tunesien und baute das Traumhaus am Meer. Weitere zwei Jahre lang erlebte ich den Himmel auf Erden – bis ..., ja, bis alles fertig war und wir das Haus beziehen konnten. Ich habe nicht nur das Haus gebaut, sondern damit auch den Grundstein für die Hölle gelegt, in der ich fortan lebte.

Als Jahre danach alles zu Ende war und ich nicht mehr weiter wusste, schrieb ich mir alles von der Seele. Der Roman *Sand in der Seele* wurde ein Erfolg. Ich bekam hunderte Briefe von ebenfalls betroffenen Frauen, die sich auf einen Tunesier eingelassen haben und ähnliches erlebten. Mir war klar, dass ich etwas tun musste. Das Buch war dann auch die finanzielle Basis und ausschlaggebend für die Arbeit, die schließlich für mich und einige andere wunderbare Frauen zur Lebensaufgabe wurde: *Der Kampf gegen Bezness.*

Vor zehn Jahren, es war im Juli 2002 wurde die Idee geboren, eine Hilfeseite für Bezness-Opfer ins Netz zu stellen. Damals ging das nicht so einfach wie heute, man musste viel Geld investieren, einen Webdesigner beauftragen und dann lange darauf warten bis die Internetseite so stand, wie man sich diese vorgestellt hatte. Im Februar 2003 war es dann endlich soweit: 1001Geschichte.de war im Netz, fand im angegliederten Forum für Betroffene ganz schnell viele engagierte Mitstreiterinnen und schon kurze Zeit später wurde, weil es unvermeidbar war, die Interessengemeinschaft *Community of interests against Bezness,* ins Leben gerufen, die dann 2005 als gemeinnützig in das Vereinsregister als **CiB e.V.** eingetragen wurde.

Heute ist 1001Geschichte.de Europas größte Website zum Thema, hat mehrere Millionen Zugriffe und ist weltweit (laut Google-Analytik wird sie in vielen Ländern aufgerufen) mehrere hunderttausend Mal verlinkt. Der Begriff „Bezness" wurde durch uns weiter verbreitet und fand Einzug in den Sprachgebrauch vieler Medien und Foren.

So wurden *Sand in der Seele* und 1001Geschichte.de zu den Vorreitern aller danach gegründeten Websites und den Büchern, die sich mit diesem Thema beschäftigen. Die ständig neuen „Wahren Geschichten" bei 1001Geschichte sind Lesestoff für tausende Menschen.

Dabei fing alles nur mit einer, meiner eigenen Geschichte aus Tunesien an. Heute sind auf der Website alle Länder vertreten, in denen Bezness betrieben wird. Auch die Themen „Bezness im Internet" und „Bezness in Deutschland", wie es z. B. von Asylbewerbern und Heiratsschwindlern aller Nationen betrieben wird, werden intensiv beleuchtet. Woche für Woche erscheinen neue erschütternde Geschichten und Berichte von Frauen und immer mehr Männern. Langsam trauen auch diese sich einzugestehen, dass sie einer Liebesbetrügerin zum Opfer gefallen sind. Viele haben sich dem Kampf gegen diesen verachtenswerten Betrug namens Bezness angeschlossen.

Im Verlauf dieses Buches werden Sie einige dieser „Wahren Geschichten" lesen, die Ihnen die Augen öffnen. Nein, es sind keine Märchen aus 1001 Nacht, sondern echte, wahre Schicksale, wie sie das Leben schreibt. Namen und Daten der Autoren sind, wie es das Urheberrecht vorschreibt, hinterlegt. Aus Datenschutzgründen werden wir diese nicht veröffentlichen.

Fangen wir mit der Geschichte an, die neben dem Buch bei der Geburtsstunde von 1001Geschichte.de in Kurzform den Grundstein legte und die bis heute rund 50.000 Mal heruntergeladen und gelesen wurde. Es ist meine eigene Geschichte.

Wahre Geschichte Nr. 01 – Evelyne
Kurzfassung des Buches „Sand in der Seele"

Eine Ehekrise und eine Phase, die ihr seelisches Gleichgewicht ins Wanken bringen, veranlassen Evelyne ihre Koffer zu packen, um für ein Weilchen abzuschalten. Sie bucht eine Last Minute Reise nach Tunesien und landet zufällig in Zarzis, nahe der libyschen Grenze.

An der Rezeption ihres Hotels trifft sie auf den Mann, der ihr ganzes Leben verändert. So unglaublich es klingt, dieser schöne junge Mann sieht sie und weiß, sie wird seine Frau. Zwei Wochen lang genießt sie seine Gesellschaft, ohne dass er sie ein einziges Mal berührt. Außer einem einzigen Kuss war nichts zwischen den beiden vorgefallen. Seine konsequente Zurückhaltung, sein tadelloses Benehmen und seine Sicherheit, dass er nur sie will, ist etwas, was nicht in ihren Kopf geht und dennoch – am Ende dieses Urlaubs hat sie sich in ihn verliebt.

Zunächst versucht Evelyne, diesen Mann zu vergessen, aber bereits zwei Monate später landet sie abermals in Zarzis und in seinen Armen. Diesmal erlebt sie eine nie gekannte Leidenschaft und weiß bereits nach einer Woche, das ist der Mann ihrer Träume.

Sie trennt sich nun endgültig von ihrem Ehemann und fährt abermals zwei Monate später mit dem Auto nach Tunesien, um dort zunächst ein paar Monate zu leben. Sie erlebt den Himmel auf Erden und schon ein Jahr später hängt sie ihren Beruf als Chefredakteurin und damit ihre sichere Existenz an den Nagel und zieht mit Sack und Pack nach Tunesien, um ihre große Liebe zu heiraten.

Sie bringt fast ihr ganzes Vermögen in dieses Land und verwirklicht ihren Traum vom „Weißen Haus" am Meer. Weil sie ihren Beruf dort kaum ausüben kann, baut sie zusätzlich eine Ferienwohnung, die sie an Touristen vermietet.

Sie erlebt die orientalische Welt pur, versucht mit der islamischen Kultur klarzukommen und fühlt sich in kürzester Zeit in diesem fremden Land zuhause.

Dass sie ständig unter Beobachtung steht, keinen Schritt

ohne ihren Mann oder einen seiner männlichen Verwandten tun kann, empfindet sie zunächst als angenehm, fühlt sie sich doch in dieser fremden Welt „beschützt". Erst als sie anfängt Kontakt zu anderen deutschen Frauen aufzunehmen, stößt sie auf massiven Widerstand. Ihr Mann zeigt sich nun von seiner wahren Seite. Er versucht sie einzusperren, schlägt sie und verbietet ihr jeglichen Kontakt zu anderen Menschen außer seiner Familie. Doch Evelyne setzt sich durch, zeigt einen eisernen Willen, selbst dann noch, als er sie mitten in der Nacht barfuß aus dem Hause jagt, obwohl es draußen von Skorpionen nur so wimmelt. Sie läuft den steinigen Berg hinab zu seinen Eltern und appelliert an den Glauben seines Vaters.

Als Amor begreift, dass ihr Wille stärker ist als seiner, verlässt er sie. Er geht nach Deutschland um zu arbeiten und lässt sie allein in dem ihr fremden Land zurück. Die wenigen Wochen, die er im Jahr in seiner Heimat verbringt, widmet er fast ausschließlich seiner Familie. Weil Evelyne sich ihm verweigert, wird er nun zum Tyrannen. Er beauftragt seine Familie, ihr das Leben dort so schwer wie nur möglich zu machen. Deren Attacken treiben sie an den Rand des Wahnsinns und der Verzweiflung – aber sie hält stand.

Jetzt spielt sie mit dem Gedanken an Scheidung. Sie vertraut auf die Politik des Präsidenten Ben Ali und auf die Gleichberechtigung der Frau in diesem Land. Ein

Anwalt versichert ihr, dass das, was sie mit in die Ehe bringt, ihr gehört und dass sie auf jeden Fall ihr Recht in diesem Land bekommt.

Aber es soll noch ein Jahr vergehen, bis sie sich endgültig zu diesem Schritt entschließt. Sie fliegt nach Deutschland um mit Amor über eine Trennung zu sprechen. Er fleht und weint, bittet ihn nicht zu verlassen, hat aber nur seine gefährdete Aufenthaltserlaubnis im Kopf. Evelyne aber kann nicht mehr, sie will nichts mehr hören und sehen und fliegt kurz entschlossen zu ihrer Schwester nach Texas/USA. Dort erreicht sie ein Anruf einer deutschen Freundin aus Zarzis. Amor ist in Tunesien und unternimmt alles nur Erdenkliche, sie in Zarzis schlecht zu machen. Evelyne ändert ihre Pläne und fliegt drei Wochen später wieder nach Zarzis.

Ihr Mann hat dort ganze Arbeit geleistet und war dann sofort wieder nach Deutschland verschwunden. Er hat nicht nur sämtliche Papiere gestohlen und allen ihren Freunden erzählt, er hätte sie aus „seinem" Haus geworfen, weil sie untreu war und sie würde niemals wieder nach Tunesien kommen, weil er dafür gesorgt hätte, dass sie ihre Aufenthaltsgenehmigung verliert. Auch hat er von sich aus die Scheidung eingereicht, damit er nicht sein Gesicht verliert.

Nun beginnt der Horror. Als ihr Schwiegervater und ihre drei Schwäger begreifen, dass Evelyne nicht bereit ist, kampflos aufzugeben, schlagen sie ihr zunächst vor, Amors Bruder zu heiraten, damit alles in der Familie bleibt. Evelyne ist fassungslos, wird wütend und beschimpft sie. Dann geht sie zur Polizei, um ihre gestohlenen Autopapiere wiederzubekommen, ohne Erfolg. Sie geht zum besten Anwalt der Stadt, muss aber feststellen, dass dieser bereits für die Familie gegen sie arbeitet. Ein tunesischer Freund bringt sie zu einer Anwältin, die scheinbar noch nicht von der Familie gekauft ist. Das ärgert die Herren Schwäger so sehr, dass sie nun nachts in ihr Haus kommen, sie quälen und misshandeln. Aus purer Angst verlässt sie schließlich ihr Traumhaus und sucht Unterschlupf in einer ausgebauten Garage bei deutschen Freunden. Sie kann gerade noch ein paar persönliche Sachen aus dem Haus holen, bevor die Familie die Schlösser auswechselt und einen Wächter abstellt. Ihr Auto kann Evelyne bei Freunden verstecken, aber nicht mehr fahren, da die Papiere fehlen und inzwischen Steuern und Versicherung abgelaufen sind.

Ihr Mann erstattet Anzeige gegen sie wegen Diebstahl von Hausrat und Auto. Sie wird von der Polizei abgeholt und wie eine Verbrecherin behandelt. Ihr Schwiegervater behauptet, dass es sein Haus sei und Evelyne es nur gemietet hätte, obwohl sie alle Bankbelege vorlegen kann.

Viele Male wird sie vor Gericht gezerrt, bis die Scheidung ausgesprochen ist und obwohl sie ausdrücklich daraufhin weist, dass sie zwar auf Unterhalt, jedoch nicht auf ihr Eigentum verzichtet, schreibt man in die arabische Scheidungsurkunde, dass sie auf alles verzichtet.

Hinterher muss sie feststellen, dass nicht nur die Anwältin, zu der sie Vertrauen hatte, sondern auch der vereidigte Dolmetscher von der Familie bezahlt wurde. Zwei weitere Anwälte aus einer Nachbarstadt versuchen ihr Glück, aber auch diese können ihr letztendlich nicht helfen. Aber Evelyne gibt nicht auf. Sie schreibt an die Deutsche Botschaft, den Justizminister, den Innenminister und sogar an Ben Ali persönlich.

Niemand hilft ihr. Erst der vierte Anwalt hat Mitleid. Er ist ein korrekter Mann und reicht eine Zivilklage gegen Amor und seine Familie ein. Nach nochmals zwölf nervenaufreibenden Verhandlungen, die allesamt in arabischer Sprache abgehalten werden und für die sie jedes Mal 120 Kilometer mit dem Bus, mit dem Taxi oder mit Freunden fahren muss, sofern die sich trauen, denn auch sie werden inzwischen massiv bedroht, ist sie am Ende ihrer Kräfte. Die letzte Verhandlung findet im November statt. Die Akte wird geschlossen, ihre Klage ohne Begründung abgewiesen. Sie bricht zusammen, rastet aus, schlägt ihrem Anwalt ins Gesicht und landet 10 Minuten später beim Staatsanwalt. Dem erzählt sie unter Tränen noch einmal ihre ganze Geschichte. Er verspricht ihr zu helfen – aber sie glaubt ihm kein Wort mehr – niemandem mehr.

Vierzehn Tage später verlässt sie völlig mittellos, gedemütigt und traumatisiert das Land und beginnt ihre Erlebnisse aufzuarbeiten, in dem sie „Sand in der Seele" schreibt.

Aus rechtlichen Gründen muss sie allerdings alle Namen ändern. Aus Evelyne wird Sabrina.

Ein Jahr später führt sie ihren Prozess in Deutschland nach internationalem Recht weiter und gewinnt. Ihr Ex-Ehemann und sein Vater werden in Abwesenheit verurteilt, ihr das in das Haus investierte Geld zurückzuzahlen. Doch alle Versuche, das ihr zustehende Geld mittels eines Gerichtsvollziehers einzufordern, scheitern an der Tatsache, dass jeder Gerichtsvollzieher wiederum bestochen wird. Alle vollstreckbaren Ausfertigungen und Zwangsvollstreckungsmaßnahmen verlaufen im Sande und landen auf Nimmerwiedersehen in irgendwelchen Schubladen. Bis heute sieht Evelyne keinen Cent. Ein vollstreckbares Urteil gilt in Tunesien 20 Jahre. Ein paar Jahre hat sie noch Zeit. Die Hoffnung, irgendwann ihr Recht zu bekommen, hat sie allerdings längst aufgegeben und behandelt ihre eigene Geschichte wie eine von den vielen hundert Beznessgeschichten auch.

*

Was ist Bezness?

Zunächst muss natürlich der Begriff erklärt werden. Bezness, ein Kunstwort, das seinen Ursprung in dem arabischen Film von *Nouri Bouzid* hat. Der tunesische Filmemacher beschrieb bereits 1978 die Anfänge des Bezness so: *Herumlungernde Einheimische auf den Straßen und an den Stränden Tunesiens, die Ausschau nach europäischen Frauen hielten. Immer mit der leisen Hoffnung im Hinterkopf, eine von ihnen könnte sich in ihn verlieben und ihm schließlich das reiche Europa mit all seinen Vorzügen auf dem goldenen Teller präsentieren.* (Siehe Quellennachweise)

Schon damals sahen viele junge Männer, die keine Möglichkeit hatten ihr Land zu verlassen, die europäische Frau als Mittel zum Zweck, als „Visum" auf zwei Beinen, wie einige von ihnen es heute noch auszudrücken pflegen. Wenn sich hier auch noch das Angenehme mit dem Nützlichen verbinden lässt, warum nicht? Eine Frau für körperliche Bedürfnisse (die eigenen Mädchen darf ein Moslem vor der Ehe nicht anrühren), ein angenehmes Leben durch ihr Geld und schließlich durch Heirat eine Aufenthaltserlaubnis für das Land, auf dem die Geldscheine ihrer Ansicht nach auf den Bäumen zu wachsen scheinen.

Durch die intensive Arbeit bei 1001Geschichte, die un-
aufhaltsame Verbreitung der „Wahren Geschichten"
und tausenden von Verlinkungen im Internet verbreitete
sich der Begriff Bezness relativ schnell. Heute ist er im
Sprachgebrauch vieler Medien und einschlägigen Foren
zu finden.

Bezness findet aber nicht nur in Tunesien statt. Mittlerweile findet dieser Geschäftszweig, der im Grunde ma-
fiöse Strukturen aufweist, in fast allen Urlaubsländern
statt. Also in Tunesien, Ägypten, Marokko, der Türkei.
In Kenia und Gambia, in Nigeria, auf Sri Lanka und vielen anderen Ländern.

Fragt man einen jungen Mann aus Nordafrika, der offensichtlich europäischen Frauen nachstellt, was er da
treibt, so ist die Antwort: Ich mache Bezness! Gemeint
ist Business. Das Geschäft mit den Gefühlen gutgläu-
biger Frauen oder auch manchmal Männern. Aber dazu
später mehr.

In seiner Heimat ist ein Mann, der in Europa arbeitet, um
die arme Familie zuhause zu unterstützen, ein angesehe-
nes Mitglied der Gesellschaft. Jeden Sommer kommt er
mit dem, wenn auch oft für diesen Zweck geliehenem
Auto, in die Heimat. Vollgepackt mit Geschenken und
den wortreichsten Versprechungen, dass alles noch viel
besser werde, wenn er erst mal die versprochene Jung-

frau zwecks Heirat nach Europa holt und die Familie nachholen kann.

Die monatlichen Überweisungen des großen Bruders an die Mutter, die den Sohn in der Ferne ständig in den Himmel hebt, beflügeln dann auch die jüngeren männlichen Familienmitglieder, das Geschäft Bezness zu erlernen. Und wo könnten sie das besser, als auf der großen, weiten „Strandakademie"? Hier zeigen die Profis, wie man die reichen, europäischen Frauen erobert, die einem das alles ermöglichen, was sich der Beznesser erhofft.

In prahlerischen Erzählungen unter einheimischen Männern wird dann in den Cafés, wo man großzügig Tee und Cola spendiert, geschildert, was man sich im reichen Europa alles geschaffen hat und was man für eine tolle Position hat. Aus einem Lagerarbeiter wird ein Abteilungsleiter, aus einem Fensterputzer ein Teamleiter, aus einem Autowäscher ein Verkaufsleiter bei Mercedes, aus einem Hamburger-Bräter beim berühmten goldenen-M ein Filialleiter der großen Kette. Der Fantasie sind keine Grenzen gesetzt, schließlich wissen die Menschen zuhause ja nicht, dass 800 Euro Brutto-Monatslohn in Deutschland ein sehr geringer Lohn ist. In Tunesien verdient ein Lehrer oder Polizist gerade mal 300 bis 400 Euro im Monat. Auch lernen sie, dass die deutsche Frau zuhause die Miete bezahlt, die oft höher ist als sein eigener Lohn. Auch wissen sie schnell, dass man in Deutschland die Frau nicht ernähren muss, wenn man nicht will. Eine deutsche Frau hat ein Helfersyndrom und überhaupt nichts dagegen, dass der Mann seinen Lohn für sich behält, ihn aber trotzdem mit ernährt. Man muss sie nur bei der Stange halten und auch ab und zu mal lieb zu ihr sein und ihr immer wieder vergewissern, dass man sie beschützt und immer zu ihr hält, auch wenn das orientalische Temperament manchmal Oberhand gewinnt. Eine deutsche Frau verzeiht schnell, wenn man die richtigen Worte findet.

Die Jungs lernen auch ganz schnell, dass man in Deutschland Geld vom Staat bekommt, wenn man nicht arbeiten will und dass der Staat auch die Arzt- und Krankenhauskosten bezahlt und dass man mit seiner Krankenversicherungskarte auch Gutes tun und die nicht versicherten illegalen Landsleute zum Arzt schicken kann. Die Deutschen sind zu gutgläubig. Sie merken das nicht – allerdings funktioniert das durch die neuen Karten mit Bild nicht mehr lange.

Die vielen Kniffe und Tricks, um in Deutschland sorgenfrei leben zu können, auch ohne zu arbeiten, sprechen sich schnell herum. Und dass man sich sogar seinen Aufenthaltstitel sichern kann, wenn die Frau sich scheiden lässt, weil sie nicht begreift, dass der Mann das Sagen im Haus hat und verdiente Prügel, ohne ihn zu fragen, bei ihrem Anwalt als Körperverletzung hinstellt, wird haargenau erklärt: *„Sei nicht dumm, mach ihr schnell ein Kind, dann darfst du immer in Deutschland bleiben, auch wenn die undankbare Alte weg ist! In Deutschland hat ein Kind das Recht auf Vater und Mutter. "*

Viele dieser Gespräche unter Einheimischen habe ich in meinen tunesischen Jahren immer wieder in den Strandcafés belauschen können. Kaum einer von ihnen sprach die Wahrheit und wenn es mal einer versuchte und erzählen wollte, dass man in Deutschland keine Chance auf einen gut bezahlten Job hat, wenn man nichts gelernt hat, dann wurde er ausgelacht, als „Hmar" (arabisch für Verlierer) betitelt und verächtlich beschimpft: *„Wahrscheinlich hast du deine europäische Schlampe nicht richtig dazu erzogen, dir genügend Geld und einen anständigen Job zu verschaffen"*, usw.

Woher sollten die Jungs auch wissen, dass das Geld in Deutschland nicht auf den Bäumen wächst, wenn die Cousins doch jedes Jahr mit den großen Autos und Geschenken kommen?

Was lernen die Strandboys nun zuerst? Natürlich wie man eine Frau bezirzt. Wie man ihr schöne Augen macht und was man ihr sagen muss, damit sie aufmerksam wird.

Nun hat ja der Araber ohnehin eine sehr blumige Sprache,

wenn es um die Liebe geht. Viele arabische Lyriker und Gedichteschreiber bezeichnen die Frau in ihren Werken als die schönste Blume, das Juwel, auf das man achten muss, der Schatz, der gehütet werden muss, das liebste, schönste, reinste und wunderbarste Geschöpf, das ihm je begegnet ist.

Wir haben aus der reichen Korrespondenz mit dem Habibi (Arabisch für Liebling) und dem Askim (Türkisch für Liebling) der Betroffenen eine Liste mit den schönsten Liebeserklärungen erstellt.
Ganz sicher findet so manche Leserin genau die Worte hier wieder, die auch sie für einmalig hielt.

Liste der feinsten Lügen

* *Die Zeit mit Dir in Tunisie ging vorbei wie ein weißes Segel im Wind. Du fehlst mir so sehr.*
* *Deine Augen sind wie leuchtende Sterne am Himmel.*
* *Du bist die schönste Blume, mein Diamant, mein Kleinod.*
* *Ich werde Dich immer lieben, mehr als mein Leben.*
* *Ich gebe mein Blut für Dich, meine Liebe.*
* *Mein Leben hat keinen Wert ohne Dich.*
* *Ich kann nicht essen, nicht schlafen, wenn Du nicht bei mir bist.*
* *Ich verhungere ohne Dich, Du bist meine Nahrung.*

- *Meine Welt ist nichts ohne Dich.*
- *Ich wusste vom ersten Blick in Deine Augen, Du wirst meine Frau, auf immer und ewig.*
- *Du hast mein Herz gestohlen, jetzt ich kann nicht mehr sein ohne Dich.*

Und viele, viele mehr....

Befragt man Frauen, ob ihnen solche heiß ausgesprochenen Worte aus hauchender Männerkehle, verbunden mit glühenden Blicken aus tiefbraunen, mit langen Wimpern umrahmten Augen, die, wenn es notwendig ist, sich sehr schnell verwässern können, so dass eine Träne herausquillt, nicht auch den Verstand rauben würden, so gibt es kaum eine, die das verneint. Würde nicht jede Frau zumindest für einen Moment schwach werden? Wann hört man schon in unserem kalten Deutschland, das geprägt ist von Verstand und Vernunft, von Gleichberechtigung, Frauenbewegung und Hausmännern sowie der oft fehlenden Romantik, solche Worte? Welcher deutsche Mann wirbt so um eine Frau? Welcher Mann umwirbt so eine Frau? Vielleicht war das früher mal anders und ist im Zuge der Emanzipation der Frau abhanden gekommen, als sich der Mann langsam aber sicher nicht mehr überlegen fühlte, sondern lernte, auf seine Frau zu hören und alles gemeinsam mit ihr zu machen. Alles kann man eben nicht haben. Emanzipation auf der ganzen Linie, Mitbestimmungsrecht, einen liebevollen Partner, der seine Frau respektiert, gleichzeitig aber den starken, geheimnisvollen Macho, der einem bei Bedarf die Sterne vom Himmel holt.

Dennoch, die Sehnsucht nach Romantik war immer da und wird immer da sein. Frau will vergöttert werden, wenn auch nur heimlich und ganz verborgen im Inneren. Und dann trifft sie im Urlaub oder in der heimischen Straßenbahn auf den Mann, der sie mit dunklen Augen anstarrt, als sei sie ein Weltwunder. Und wenn er spürt, dass ihr das nicht unangenehm ist, hat sie schon verloren und das Spiel beginnt.

Das alles weiß natürlich der geübte Beznesser und hat sich längst schon darauf eingestellt.

Jetzt mögen viele Leser mit dem Kopf schütteln und sich fragen, wie es passieren kann, dass sich eine westlich erzogene und intelligente Frau in „so einen" verlieben kann. Doch Liebe lässt sich weder erklären noch beweisen. Zunächst aber sollte man erwähnen, dass das, was eine westliche Frau denkt, die mit ganz anderen kulturellen Hintergründen und Werten aufgewachsen ist als der Orientale, von ihm ganz anders gewertet und auch gedacht wird. Darüber sind sich westliche Frauen, die in einen Mann aus islamischem Kulturkreis verliebt sind, leider in den seltensten Fällen bewusst.

*

Bezness aus psychologischer Sicht

Die Bayreuther Fachtherapeutin Psycho-Therapie (HPG) **Dr. Yvonne Arnhold** meint dazu: Die Beznesser sind deshalb auch so erfolgreich, weil sie die westlichen Werte kennen und zu ihrem Vorteil nutzen. Sie wissen, was deutsche Frauen hören wollen, um an die Ernsthaftigkeit einer Beziehung glauben zu können und bereit zu sein für jedes Opfer. Kennt man allerdings die wahren Hintergedanken und hört man sie aus den schönen Worten richtig heraus, wird man wohl schnell geheilt vom Traum der angeblich großen Liebe.

So wird die Übersetzung der Aussagen eines Beznessers so lauten:

Aussage	Bedeutung für Europäer	Wahre Hintergedanken für den Beznesser
Du bist schön, du gefällst mir.	Ich kann hinter dein Äußeres sehen, und überdies bist du in meinem Kulturkreis wirklich schön.	Mit dir komme ich zu sozialem Aufstieg und zu einer gesicherten Zukunft.
Du bist die Erfüllung meiner Träume.	Auf einen Menschen wie dich habe ich ein Leben lang gewartet.	Du bringst mir Geld und eine Aufenthaltsgenehmigung in deinem Land.
Ich möchte mit dir leben.	Es ist angenehm in deiner Nähe, du bist die ideale Partnerin, ich will nur mit dir zusammen sein.	Du wirst mich verwöhnen, mir ein Auto, ein Handy, einen höheren Lebensstandard verschaffen.
Ich liebe dich.	Ich begehre dich, ich werde dich nie verletzen.	Du bekommst auch was für dein Geld, wenigstens so lange bis ich alles von dir erschlichen habe.

Ich liebe dich für immer.	Ich werde dir ein Leben lang treu sein, ich gebe dir Sicherheit für die Zukunft.	Wenn du gut genug bist und lang genug zahlst, kannst du meine Liebesdienste ein Leben lang in Anspruch nehmen.
Heirate mich.	Ich will aller Welt zeigen, dass ich dich liebe, ich will mich zu dir bekennen.	Versorge mich und verschaffe mir eine deutsche Aufenthaltsgenehmigung.
Ich will dich meiner Familie vorstellen.	Meine Familie ist mir heilig, ich teile sie mit dir und verlasse sie notfalls sogar für dich.	Die Alle wirst du versorgen dürfen, für diese Menschen opfere ich mich, wenn ich mit dir zusammen sein muss.
Ich will Kinder von dir.	Du bist so fantastisch, dass ich dich reproduzieren und besonders eng an mich binden möchte.	Mit diesen Kindern sichere ich mir die Zukunft in deinem Land und mache dich erpressbar .
Ich möchte etwas in meiner Heimat mit dir aufbauen.	Du bist eine so fleißige, erfolgreiche und kluge Frau, dass ich so eine Unternehmmung mit dir wagen kann.	Du darfst zahlen und ich werde alles, was du hier für dein Geld aufbaust, später mal ohne dich und mit einer anderen Frau genießen.

Wie eine taffe Frau zum Opfer wird
von Dr. Yvonne Arnhold

Durch diese Missverständnisse kann auch die taffeste Frau zum Bezness-Opfer werden und in den schlimmen Kreislauf kommen, der leider nicht immer positiv endet.

Beznesser haben ein ausgeprägtes Gespür für die Schwachstellen im Selbstbewusstsein einer Frau. Die weniger Geübten arbeiten freilich eher nach der Methode *Trial and Error*: „Bei dreihundert Frauen, die ich in einer Urlaubssaison anspreche, werden schon drei hängen bleiben."

Doch über Letztere zu reden lohnt kaum der Mühe. Interessanter sind die Methoden der Beznesser, die etwas eleganter und intelligenter vorgehen.

Dazu ist zu fragen: Was sind die Schwachstellen einer Frau, die einem Beznesser auffallen können und wo kommen diese Schwachstellen her?

Sie wachsen in der Diskrepanz zwischen dem westlichen (Familien-)System heute und den Idealvorstellungen, wie es einmal war und dementsprechend in den westlichen Vorstellungen von einer idealen Partnerschaft und einer Partnerschaft, wie sie heute lebbar ist.

So sieht sich eine Frau – gerade in der mittleren Generation – permanent einer Überforderung durch ihre Umwelt ausgesetzt, der sie gar nicht entsprechen kann. Sie soll emanzipiert und durchsetzungsfähig im Beruf, aber gleichzeitig auch angepasst und opferbereit in der Familie sein. Sie soll im Beruf alles durchschauen und klare Grenzen setzen, zuhause aber manipulierbar und auf die – für die Anderen – richtige Größe reduzierbar bleiben. Um dies zu erreichen, spart die Umwelt (Familie) nicht mit Kritik – und je mehr die Frau nach außen erreicht, umso mehr braucht es dann natürlich diese Kritik und das Zieren, wenn es darum geht, diese Frau mit der notwendigen Achtung zu behandeln. Ungestraft darf jeder, der will, sich über ihr Äußeres auslassen, über ihr Alter, ihre Figur, ihre Haushaltsführung, ihr Verhalten den Eltern, den Geschwistern, dem Mann gegenüber.

Ihre eigenen Bedürfnisse werden dabei ganz selbstverständlich als etwas betrachtet, das im Familienverbund oder im Freundeskreis nur stört und ihr deshalb nicht zustehen.

Je mehr aber die Frau versucht, all diesen (oft auch unausgesprochenen) Forderungen nachzukommen, umso unerfüllbarer werden diese Forderungen. Schließlich geben die unerfüllten Forderungen der Umgebung das „Recht", sich auf Kosten der Frau auszuleben. Der Mann darf fremdgehen, weil sie – wahlweise – nicht mehr taufrisch, zu fordernd, zu selbständig, auf dem Egotrip (weil nicht ständig verfügbar) oder zu langweilig ist. Die Liste kann beliebig verlängert werden. Die Kollegen können immer mehr Arbeit auf sie abladen, weil sie sich sowieso immer vordrängt, weil sie schon immer alles gemacht hat, weil man ihr nur so demonstrieren kann, dass sie eigentlich schon zum alten Eisen gehört. Auch diese Liste kann nach Belieben verlängert werden.

Dazu gehört auch die Ziererei des westlichen Mannes, wenn es um die Beziehung geht. Für ihn bedeutet eine Liebeserklärung gern etwas, das man halt macht, wenn es gar nicht mehr anders geht. Zu seiner Familie geht er selbst nicht gern und eine Frau mitnehmen bedeutet, Familie und Frau einen Stellenwert zu geben, den beide heutzutage nicht mehr haben. Kein Wunder also, wenn die westliche Frau auf die Werbung (im Doppelsinn) eines Mannes anspringt, der ihr all dies auf dem

Silbertablett zu servieren scheint, was ihr die Männer aus dem eigenen Kulturkreis vorenthalten. Dazu kommt, dass diese Männer oft auch noch attraktiver, jünger und drahtiger sind als westliche.

Zu dieser Gruppe – nach außen durchaus durchsetzungsfähiger und erfolgreicher Frauen – kommen dann natürlich noch die Frauen, die schon von der Familie zum Opfer bestimmt sind, die sogenannten „identifizierten Patienten" oder schwarzen Schafe, die eine Familie braucht, um überhaupt noch irgendwie zusammenzuhalten. Was gern geschieht, indem man ein Problem an ihr „erkennt" (in sie hinein fantasiert). Das kann sein: „Immer gerät sie an die falschen Männer", „Sie bringt es einfach zu nichts", „Sie kann nicht mit Geld umgehen", „Sie schafft es einfach nicht, abzunehmen (zuzunehmen)", „Sie enttäuscht uns immer, da kann sie machen, was sie will" ...
Da kann die Frau sich gegen dieses Verdikt wehren wie sie will, irgendwann bringt das Familiensystem sie genau da hin, wo es sie haben will und treibt sie damit geradewegs in die Arme eines Beznessers.

Wie das Opfer zum Schuldigen wird

Ein erfolgreicher Beznesser kennt seine Zielgruppe genau und weiß meist schon nach dem ersten Gespräch, wo er ansetzen muss und wo die genaue Schwachstelle im Selbstwertgefühl seines Opfers ist. Oft reicht es natürlich auch, erst einmal allgemein dieses fehlende Selbstwertgefühl zu stärken – freilich nur, um es dann später wieder komplett einzureißen und damit die eigene Macht zu demonstrieren, wenn man für die Frau keine weitere Verwendung mehr hat oder etwas von ihr erpressen will. Dazu gehört auch – durch die kulturelle Vorprägung der Frau – dass der Beznesser gnädig Dienste, Geschenke und andere Leistungen entgegennimmt und dafür die Anerkennung zollt, die die Frau zuhause für das Gleiche nicht bekommt.

Hat der Beznesser dann aber was er wollte, erlebt die Frau noch schlimmer das abschätzige Verhalten, das sie in westlicher Version schon kannte und das sie in islamischer Version noch abhängiger und hilfloser macht.

In gewisser Weise muss sich der Beznesser so verhalten. So wie Menschen Tiere missachten und ihnen Seele und Gefühle absprechen, um sie schlecht behandeln und quälen zu dürfen, so muss es auch ein Mann mit einer Frau machen, die er von Anfang an nur ausbeuten will. In dem Maße, indem er die Frau achten und respektieren würde, müsste er sich auch anständig verhalten und das ist schlecht fürs Geschäft.
Damit wird dann die Frau vom Opfer gleich mit zur Schuldigen. Um vom eigenen Fehlverhalten abzulenken,

muss sowohl der Beznesser mit seiner Familie als auch die Familie, der Freundeskreis und die ganze westliche Umgebung der Frau Gründe finden, warum sie „es nicht besser verdient" hat.

Die Schuldige ist also klar ausgemacht und das hat noch den schönen Nebeneffekt, dass sich niemand in der Verantwortung sieht, dieser Frau zu helfen, wenn sie sich endlich mit letzter Kraft und total ausgeblutet aus den Fängen ihres Beznessers befreit hat und eher seelische Unterstützung bräuchte als zusätzliche Vorhaltungen.

Wie das „schuldige" Opfer wieder zur zufriedenen Frau werden kann

Schließlich muss das bisherige Opfer jetzt Schwerstarbeit leisten. Es muss sich (und ihren Kindern) eine neue Existenz aufbauen, die schlimmen Traumata überwinden und sich gegen eine Gesellschaft verteidigen, die nur zu gerne bereit ist, die Ermordete zur Mörderin zu machen. Hilfe auf psychologischer Ebene muss so aussehen:
Die Traumata bearbeiten. Das geht am besten mit schnellen Methoden wie Wingwave (siehe Quellennachweise), in denen besonders auch die Selbstverurteilungen bearbeitet werden, die Frauen erst zum potentiellen Opfer werden lassen (ich bin nicht liebenswert, ich bin hilflos

…) und die sie wohlgemerkt der Verurteilung aus ihrer Umwelt verdanken.

Es gilt also erst einmal herauszufinden, was die äußeren und inneren Voraussetzungen waren, die die Frau ansprechbar machten für einen Beznesser. Dann sind die Traumata zu heilen, die daraus entstanden, dass die vorgegaukelte Traumwelt einer Liebe geplatzt ist und man sich als ausgebeutetes und jetzt als wertlos missachtetes Opfer wiederfindet. Und dann braucht die Frau Unterstützung, um aus den Scherben ihrer Leben (dem westlichen vorher und dem orientalischen Scheinleben) wieder die alten Fähigkeiten und neuen Erfahrungen herauszuklauben und damit ein drittes, wieder lebenswertes Leben aufzubauen.

Sich wieder ein neues Leben aufzubauen gelingt vielen Frauen auch über die Tatsache, dass sie nur so ihren Leidensschwestern demonstrieren können, wie sehr es sich lohnt, um so ein neues Leben zu kämpfen und mit aller Kraft diejenigen zu warnen, die kurz davor sind, einem Beznesser in die Falle zu laufen.

Der Beznesser kennt seine „Zielgruppe" und weiß, worauf das künftige Opfer anspricht.

*

Bezness – die Beweise

Natürlich kommt auch immer wieder der Vorwurf, dass das alles doch nicht wahr sei, dass man diese Geschichten erfindet oder an den Haaren herbeizieht. Das alles sei doch nicht so schlimm und wenn, seien schließlich die Frauen doch selbst schuld.

Beweise gibt es viele in Form von Dokumenten, Gerichtsurteilen, den vielen „Wahren Geschichten", die auf 1001Geschichte.de veröffentlicht werden, Reportagen, der Schwarzen Liste und den autobiografischen Berichten, die teilweise in Buchform erschienen sind (siehe Literaturhinweise am Ende des Buches).

1. Die Schwarze Liste

Eindeutige Beweise sind die Meldungen auf der von **1001Geschichte** installierten „Schwarzen Liste". Hier kann man für ein paar Euro, die dem Verein zu Gute kommen, erfahren, ob der Mann, den man im Urlaub oder sonst wo kennengelernt hat, bereits auffällig war und von einer anderen Person gelistet wurde. Die Liste, die unter strengen Datenschutzauflagen geführt und verwaltet wird und auf der bereits mehr als 2.600 potentielle

Beznesser gemeldet sind und die stetig wächst, hat schon so mancher Frau den Kopf wieder gerade gerückt und vor dem Schlimmsten bewahrt. Ein positiver Nebeneffekt dieser Liste, die sehr viel Zeit in Anspruch nimmt, sind die vielen von beiden Seiten gewünschten Kontakte, die dabei unter den Betroffenen geknüpft werden. Auch kommen dadurch viele neue Geschichten zutage, die dann oft in den „Wahren Geschichten" bei 1001Geschichte zur Abschreckung veröffentlicht werden.

2. Die Recherche

Einer, der es genau wissen wollte und seitdem hinter unserer Arbeit steht, ist der Enthüllungsjournalist **Guido Grandt**. Er reiste zusammen mit einem Reporterteam (Bild der Frau) **„Auf den Spuren der Liebesmafia"** nach Kenia, in die Türkei und nach Tunesien. Mit versteckter Kamera gaben sie sich als Touristen aus, die an der Masche der Beznesser interessiert sind, um an Frauen heranzukommen.

Guido Grandt sagt dazu Folgendes: *„Aus dem, was die Liebesbetrüger vor versteckter Kamera auspacken, ist leicht das perfide System von Bezness zu erkennen. Aber lesen Sie selbst."*

„R" steht für „Reporter", also für mich und „A" für den Kellner "Achmed" und „M" für den Hotelanimateur „Mehmet" (Namen geändert).

Auszug aus dem Filmtreatment („Auf den Spuren der Liebesmafia" von Guido Grandt):

Einer von ihnen ist Achmed, der Restaurantkellner. Scheinbar zufällig verwickeln die Reporter ihn in ein Gespräch, fragen gezielt nach den Anmachmaschen.

Situative O-Töne Reporter und Achmed

R: Die Frauen kriegt man doch relativ leicht rum hier?
A: Ja ...
R: Viele Deutsche dann, oder alle?
A: Alle ...
R: Dann einmal ins Hotel, am anderen Tag ist vorbei, oder kommen die wieder?
A: Wieder, wenn du hast gut gemacht, kommen die wieder!
R: Dann kommen die manchmal den ganzen Urlaub her?
A: Ja ...
R: Bist du eigentlich verheiratet?
A: Ja ...
R: Egal, müssen die ja nicht wissen.

A: Psssst ...

R: Ein Kollege kam bei der Frau nicht an, die wollte nichts mit ihm haben und dann hat der Kellner zu seinem Kollegen gesagt, geh du da hin und dann ist sie nachher mit dem weggegangen. Ist es bei euch auch so, dass ihr ein wenig miteinander redet, so?

A: Ja, ja ...

R: Bisschen rumschicken und so?

A: Genau ...

R: Und bleibt ihr mit denen in Kontakt, Email, SMS und so?

A: Ja ...

R: Und es ist tatsächlich so, dass die dann noch Geld schicken später, Geld schicken oder Handys?

A: Ja, ja ... die machen das.

R: Machen die das?

A: Wenn er macht Arbeit gut, wenn Frau zufrieden, er kriegt alles. – Was möchte eine Frau? Frau möchte das, schöne Zeit, wenn sie eine rote Rose geben, sie macht alles.

Romantik, Zärtlichkeit und eine schöne Zeit – das also scheint die Masche der türkischen Gigolos zu sein, um Touristinnen zu verführen. Dass dahinter jedoch mehr als nur orientalische Liebesnächte stecken, stellen die Reporter schon sehr bald fest.

(...)

Kurze Verschnaufpause am Pool. Hotelangestellte Ilona gesellt sich dazu. Die Deutsche kennt die Anbagger- und Abzockstrukturen der türkischen Männer nur zu gut.

Situativer O-Ton Ilona (deutsche Hotelangestellte)

„Ich habe hier Leute an meinem Schreibtisch sitzen, die sagen, der Animateur liebt mich. Der wollte sich einen Roller kaufen. Aber ihm fehlten noch 300 Euro, die habe ich ihm dann gegeben. Ein Kellner verdient hier 300 Euro und wenn ich hier so eine Ische knalle und ihr jeden Tag erzähle, wie toll sie ist und wie sexy sie doch aussieht, weiß ich doch, ich habe einen guten Zusatzverdienst. Ich würde, wenn ich eine Tochter hätte, sie nicht hierher lassen. "

O-Ton Reporterin

„Wenn ein Bus ankommt und neue Touristinnen bringt, dann stehen die Kellner schon da und begucken sich welches Frischfleisch kommt. Die Betreuung ist dann natürlich sehr intensiv. Dann werden den ganzen Tag mehr oder weniger immer wieder kleine Aufmerksamkeiten gemacht, so dass die Frauen schon merken, da ist ein deutliches Interesse .,,

Deutliches Interesse zeigt auch Hotelanimateur Mehmet an den zahlreichen Touristinnen. Ihm geht es nicht nur um jobbedingte Freundlichkeit, sondern um weitaus mehr. Vor versteckter Kamera packt der Hotelanimateur bei den Reportern aus.

Situative O-Töne Reporter und Mehmet

M: In Side ... alte Frau und türkische Männer ...
R: Und warum?
M: Für Geld, vielleicht denken sie, nach Deutschland gehen.
R: Sie wollen eine kennenlernen hier und denken, dann kommen sie nach Deutschland?
M: Ja, ja, ja ... Habt ihr nicht gesehen in Deutschland ... so viel ... diese alten Frauen und türkische Männer.
R: Du kannst doch eine Pension mieten und die Frauen dann mitnehmen?
M: Ja, ja, Pension oder Strand ...
R: Wer bezahlt die Pension, du oder die Frau?
M: Die Frau, ist doch klar, warum ich?
R: Die Frau zahlt fast immer?
M: Ja, ja ...
R: Aber Geld geben sie dir schon, oder?
M: Ja, ja ...
R: Bleibst du mit denen auch in Kontakt per Skype?
M: Skype, ja, Facebook, ja, 100, 200 in Facebook ...

Nur vordergründig geht es also um Sex. Hauptsächlich werden die Frauen von den Beznessern finanziell ausgebeutet. Einige erschleichen sich durch vorgespielte Liebe und Heirat einen Aufenthaltsstatus in Europa.

Ende der Original-Zitate.

*

Dieses perfide Spiel geht jedoch noch viel weiter. Wie man auf 1001Geschichte.de lesen kann, enden diese „großen Lieben" meist im totalen Desaster. Nachdem diese Männer ihr Ziel, Geld und Aufenthaltsstatus in Deutschland, erreicht haben, zeigen sie ihr wahres Gesicht. Viele Frauen, die auf solche üblen Machenschaften hereinfielen, sind am Ende restlos abgezockt und traumatisiert.

In einigen Fällen enden diese Geschichten in der Psychiatrie oder sogar mit dem Tod der betroffenen Frauen. Danke, Guido Grandt, dass Sie sich dieses Themas annehmen (siehe Quellennachweise).

*

Die verschiedenen Varianten von Bezness

1. Das klassische Bezness – Verlieben im Urlaub

Da wäre einmal das klassische Bezness: Frau lernt im Urlaub einen einheimischen Kellner, Animateur, Masseur, Reiseleiter oder Schmuckverkäufer kennen, verliebt sich, erlebt den Himmel auf Erden und erwacht in der Hölle, wenn sie ihn mit viel Mühen, endlosem Papierkrieg, trotz aller Warnungen und Entbehrungen nach Deutschland geholt hat. Erst jetzt beginnt sie langsam zu begreifen, was für ein „Früchtchen" sie sich ins Haus geholt hat, denn nun, nachdem er alles erreicht und seinen Aufenthaltsstatus gesichert hat, zeigt er sein wahres Gesicht.

Oder die Frau übersiedelt zunächst in sein Heimatland. Was hier in diesen Fällen passiert, ist schnell gesagt: Sie heiratet ihre vermeintlich große Liebe. Wenn sie Geld hat, baut sie ein Haus, eröffnet ein Geschäft und verliert am Ende alles. Mittellos und traumatisiert kehrt sie nach Deutschland zurück. Wie eben in meiner eigenen Geschichte auch. Wenn sie kein Geld mehr hat, erlebt sie sehr schnell, wie das wahre „orientalische Märchen" aussieht: Sie muss im Haus bleiben, wird bevormundet, ihr wird absoluter Gehorsam abverlangt, sie wird isoliert und geht dabei kaputt. Der Gewinner ist am Ende immer der Beznesser.

Hier zwei Geschichten, wie sie typischer nicht sein könnten.

Wahre Geschichte Nr. 02 – Maria
Bezness-Anleitung – oder „Wie man in Europa zu etwas kommen kann„

Im September 1992 wurde durch einen Urlaub in Tunesien mein ganzes Leben auf den Kopf gestellt.

Bedingt durch einige berufliche und private Rückschläge, hatte ich das Gefühl einfach mal die Seele baumeln zu lassen und mir zwei Wochen Urlaub am Strand mit Sonne und Meer zu gönnen. Meiner Freundin Tanja ging es genau wie mir und so beschlossen wir, kurzfristig eine günstige Pauschalreise zu buchen. Im Reisebüro wurde uns ein Hotel in Monastir empfohlen, zu einem wirklich guten Preis, dem wir nicht widerstehen konnten.

Mit im Gepäck jede Menge Warnungen von Freunden und Verwandten, sich auf nichts dort einzulassen, die wir lachend zu Kenntnis nahmen. Männer, nein danke, und aus Tunesien schon mal gar nicht, dachten wir uns. Nach einer langen Reise mit Verspätung und unerträglicher Hitze am Flughafen, kamen wir völlig erschöpft gegen Mitternacht im Hotel an. Ich kann mich noch gut daran erinnern, wie seltsam wir es fanden, dass nur Männer auf den Straßen unterwegs waren und von Frauen nichts zu sehen war.

Am nächsten Tag weckte uns die Sonne und der Blick von unserem Balkon auf das Meer war atemberaubend. Nach einem guten Frühstück machten wir uns auf den Weg um die Anlage zu erkunden. In der Hotelhalle hielten sich sehr viele Tunesier auf, die Kaffee tranken und beim Abchecken von „Frischfleisch" waren. Das belustigte uns und wir beschlossen die zum Teil eindeutigen Annäherungsversuche einfach zu ignorieren.

Gegen Abend beschlossen wir, uns in der Hotelbar einen Drink zu genehmigen und danach in der hoteleigenen Diskothek den Abend ausklingen zu lassen. Kaum hatten wir die Bar betreten, setzten sich schon zwei gut aussehende Tunesier zu uns. Ungefragt bestellten sie uns Getränke und fragten, was wir denn noch so den Abend machen. Wir erzählten ihnen, wir wären sehr müde und würden bald ins Bett gehen. Schnell verabschiedeten wir uns, gingen zuerst Richtung Zimmer und auf der Rückseite des Hotels wieder raus – Richtung Diskothek. Dort hatten wir uns gerade einen Drink bestellt, als die zwei Typen von der Bar wieder auf der Matte standen und sich ungefragt an unseren Tisch setzten. Dieses Spiel ging am nächsten Tag so weiter, ich war am Anfang unglaublich genervt, aber mit der Zeit hat es mir ein wenig imponiert, wie hartnäckig ein Mann daran interessiert war, mit mir zusammen zu sein. Samir (mein Schatten) ließ mich keine Minute aus den Augen und versuchte alle meine Wünsche zu erfüllen. Wenn wir zum Frühstück ins Restaurant, zum Umziehen auf das Zimmer oder nachts zum Schlafen gingen, ich fand ihn immer wartend in der Hotellobby.

Ich erwähnte zum Beispiel, dass mir sein Bart nicht gefallen würde, am nächsten Tag kam er glattrasiert zum Strand. In der Disko bestellte er ein Lied für die „schönste Frau" im Club. Als ich im Gespräch erwähnte, dass ich etwas Landestypisches kaufen wollte, organisierte er für mich eine Fahrt auf den größten Markt im Umkreis. Mit diesen und vielen anderen Aktionen eroberte er mein Herz.

Nach einer Woche gingen wir abends an den Strand, um uns den Sonnenuntergang anzusehen. Dort gestand er mir seine Liebe und dass er mich unbedingt seiner Familie vorstellen wollte. Ich war damit leicht überfordert, zumal ich mich nicht auf eine Beziehung einlassen wollte. Allerdings musste ich zu diesem Zeitpunkt feststellen, dass ich Schmetterlinge im Bauch hatte und bat ihn um Bedenkzeit – das ignorierte er einfach und plante den Besuch bei seiner Familie.

Mitte der nächsten Woche war es dann soweit – der Besuch bei der Familie stand an. Aufgeregt und mit kleinen

Geschenken bepackt machten wir uns auf den Weg. Ich wurde dort von Anfang an trotz Sprachdifferenzen sehr gut aufgenommen, jeder sorgte sich um mich, die Kinder bewunderten meine helle Haut und die blonden Haare.

Am Ende meines Urlaubs musste ich feststellen, dass ich mich Hals über Kopf verliebt hatte. Meiner Freundin ging es ähnlich, so dass der Abschied tränenreich vonstatten ging.

Im Alltag in Deutschland angekommen, ging er mir nicht mehr aus dem Kopf. Ich bekam viele Briefe und zweimal wöchentlich telefonierten Tanja und ich mit unseren Habibis aus Tunesien. Ich setzte alle Hebel in Bewegung, um schnellstmöglich wieder nach Tunesien fliegen zu können.

Nach meinem dritten Aufenthalt dort im Dezember 1993 machte mir Samir recht unromantisch einen Heiratsantrag im Konsulat in Tunis. Wir waren dort hingefahren, um ein Gesuch für ein Besuchervisum für ihn einzureichen. Da er allerdings keinen festen Job vorweisen konnte, war es nicht möglich, dieses zu bekommen. Deshalb fragte er mich, warum wir nicht heiraten, um für immer zusammen zu sein. Ich war sehr überrascht und hatte innerhalb kürzester Zeit einen Antrag für Familienzusammenführung in der Hand. Samir meinte, das wäre doch kein Problem, er bekäme ein Visum für drei

Monate und wenn es nicht klappen würde, könnte er ja jederzeit wieder nach Hause fahren. Wir wären jetzt ja schon längere Zeit zusammen und es wäre doch schön, wenn wir für immer zusammen sein könnten. Da ich keine Zeit hatte darüber nachzudenken und ein „Nein" das Ende dieser bis dahin wunderbaren Beziehung gewesen wäre, habe ich den Antrag unterschrieben.

Von diesem Tag an wurde das Verhältnis zwischen mir und Samir anders. Er betrachtete mich bereits als seine Frau und wurde schrecklich eifersüchtig, wenn ein Mann mich nur einmal anschaute. Ich fand seine übertriebene Fürsorge zu diesem Zeitpunkt noch sehr rührend, zeigte sie mir doch offensichtlich, wie sehr er mich liebte.

Zurück in Deutschland fielen meine Eltern aus allen Wolken, als ich ihnen mitteilte, dass Samir so schnell wie möglich bei uns einziehen würde und wir heiraten werden. Keine Warnung, keine Bedenken konnten mich von diesem Plan abbringen – im Gegenteil. Je mehr ich kritisiert wurde, umso stärker wollte ich es allen zeigen – mein zukünftiger Ehemann war nicht auf ein Visum aus – er war anders!?

Anfang März konnte ich ihn endlich, nach vielem Drängen bei den Behörden, am Flughafen in die Arme schließen. Überglücklich stellte ich ihn meinen Eltern vor, die sich sehr große Mühe mit ihm gaben. Da er fast kein Gepäck bei sich hatte, musste ich ihn komplett neu ausstatten. Selbstverständlich hatte mein zukünftiger Mann auch kein Geld, so dass ich auch die Ausstattung für die Hochzeit noch bezahlen musste. Gott sei Dank hatte ich noch einen Nebenjob, der uns so einigermaßen über die Runden brachte. Ende April haben wir dann endlich geheiratet und da ging das Drama richtig los.

Mein Ehemann wollte nicht einsehen, dass unser Geld knapp war, alles wollte er nur vom Feinsten, begnügte er sich früher mit No-Name-Kleidung, musste es plötzlich Markenware sein und wenn ich ihm einen Wunsch abschlug, trotzte er wie ein kleines Kind, drohte mir mit Trennung oder brüllte laut herum. Da mich viele vor der Hochzeit gewarnt hatten, traute ich mich nicht darüber zu sprechen, sondern gab in den meisten Fällen nach.

Nach sechs Monaten besorgte ich ihm einen Job, der uns finanziell ein wenig besser dastehen ließ. Da er in meine Wohnung einzog, gingen alle Kosten automatisch von meinem Konto ab, da ich als Frau für den Einkauf zuständig war, bezahlte ich diesen auch. Als ich ihn darauf ansprach, meinte er, wir könnten doch von einem Gehalt leben und das andere sparen für größere Ausgaben. Zu diesem Zeitpunkt fand ich die Regelung gar nicht so schlecht und ließ mich leider darauf ein.

Samir hatte nun jeden Monat sein ganzes Geld zur Verfügung, machte seinen Führerschein und kaufte sich ein Auto. Da er sich so einsam ohne seine Familie fühlte, knüpfte er Kontakte mit vielen Tunesiern, die sich im Umkreis aufhielten. Jedes Wochenende war er unterwegs, bis spät in die Nacht. Oft brachte er Besuch mit nach Hause, da ich in den Urlauben bei seiner Familie gelernt hatte, wie man tunesisch kocht. Natürlich wollte jeder der Bekannten bei uns essen und testen, ob ich das denn schon genauso gut wie die Frauen aus Tunesien könne. War es gut, wurde ich in höchsten Tönen gelobt, ging etwas daneben, flog die Schüssel quer durch die Küche und ich war bis in die frühen Morgenstunden damit beschäftigt, sauber zu machen.

Unseren gesamten Urlaub verbrachten wir in Tunesien, ich bei der Familie – er zu seinem Vergnügen. Wollte ich mal ans Meer, musste ich betteln, manchmal schaffte ich es gerade zweimal in vier Wochen an den Strand zu kommen. Ich habe immer wieder Entschuldigungen für sein Verhalten gefunden. Es gab kaum eine Möglichkeit von dort wegzukommen, er hat seine Freunde so lange nicht gesehen, in Tunesien leben die Frauen halt anders, es ist doch schön bei der Familie …

Die Bedingungen im Haus meiner Ex-Schwiegereltern waren nicht die besten und der Urlaub wurde für mich zur Qual. Am Anfang gab es nur ein Plumpsklo und ich hatte Verstopfungen, dann wurde eine neue Toilette eingebaut, allerdings so konstruiert, dass keine Dichtungen funktionierte und man beim Bedienen der Spülung mit den Beinen im Wasser stand.

Meine Schwägerin erzählte mir von günstigen Bauplätzen und da wir etwas gespart hatten und ich mir etwas mehr Privatsphäre im Urlaub versprach, war ich gegen einen Neubau nicht abgeneigt. Da wir allerdings das ganze Jahr nicht vor Ort waren, ergab sich die Gelegenheit bei meinen Schwiegereltern aufzustocken. Eine riesige Wohnung mit 150 qm im arabischen Stil mit drei Balkonen und einer riesigen Dachterrasse. Der Bau dauerte drei Jahre, wir haben alles bar bezahlt und es wurde eine wunderschöne Wohnung.

Meine Schwiegereltern überwachten den Bau, wir hatten ein Bankkonto in Tunesien eröffnet, von dem mein Schwiegervater regelmäßig die Zinsen abhob und in Alkohol investierte, weil Zinsen im Islam eine Sünde (Haram) sind. Meine Schwiegermutter kochte für die Bauarbeiter und selbstverständlich auch gleichzeitig für die ganze restliche Familie – natürlich von unserem Geld.

Als die Wohnung endlich fertig war, wurde sie für jeden der Familie zum Eigentum. Eine Tante kam aus Italien, natürlich wurde sie mit ihren Kindern in unserer Wohnung untergebracht, ohne mich darüber zu informieren. Meine Schwiegereltern nutzten die Badewanne ohne danach einen Lappen zu benutzen. So hatte ich zumindest immer gleich eine Aufgabe, wenn ich nach meinem Flug dort ankam – in der Wohnung den Dreck der vielen Besucher zu entfernen. Viele Dinge fehlten einfach, manches war kaputt – eigentlich gab es immer irgendetwas über das ich mich aufregte, wenn ich dort ankam.

Samir lebte wie ein Single, der aber auf seine Rechte als verheirateter Mann pochte (was er als Recht bezeichnete). Dazu gehörte ein ordentlich geführter Haushalt, jeden Tag frisch gekochtes Essen, die Bewirtung von allen Familienangehörigen, Freunden und Bekannten, wann immer die das Bedürfnis hatten, uns zu besuchen. Natürlich gehörte es auch zu den Rechten eines Ehemanns, dass die Frau täglich im Bett zur Verfügung stand, außer sie war gerade unpässlich. Dass ich nicht schwanger geworden bin, grenzt fast an ein Wunder. Natürlich wurde ich bei jedem Aufenthalt in Tunesien begutachtet, wann es denn nun endlich so weit wäre, aber über zwei Jahre wurde ich absolut nicht schwanger, obwohl die Ärzte meinem Ex und mir bestätigten, dass keine Probleme oder Störungen da wären. Ich denke, es sollte nicht sein und im Rückblick ist es auch viel besser so, denn mir ist so Einiges erspart geblieben. Danach habe ich mir, ohne das Wissen meines Ehemanns, die Spirale einsetzen lassen.

Ich hatte kaum noch Freunde, die meisten wurden erfolgreich von Samir vergrault. Wenn ich mich mit einer Freundin traf, war das eine riesige Aktion. Eine Frau geht nicht allein weg, war seine Aussage und wenn ich mich einmal wirklich durchsetzte, spürte ich das noch Wochen danach. An jedem meiner Freunde hatte er etwas auszusetzen und wenn wir wirklich mal zusammen weggingen, inszenierte er einen Konflikt, weil ihm irgendetwas nicht passte und da hatte niemand Lust darauf, sich das noch einmal anzutun.

Nachdem er einige Wochenenden nacheinander weggeblieben war und mir nicht sagen wollte, wo er hinfuhr, fand ich zufällig einen Liebesbrief unter unseren gemeinsamen Unterlagen von einer anderen Frau. Als ich ihn darauf ansprach, machte er eine Szene – ob ich ihm nachspionieren würde und was mir einfallen würde, ihm so etwas zu unterstellen.

Ich hätte diese Beziehung schon längst beenden sollen, aber ich wollte mir nicht eingestehen, dass mein Mann mich nur ausnutzte und sich auf meine Kosten ein schönes Leben machte. Er brachte sich kaum im Haushalt ein, auf Bitten meiner Eltern sie zu unterstützen, reagierte er nur: „Die können auch mal was selbst machen, die sind ja den ganzen Tag zuhause" und „Das Haus gehört ja schließlich nicht mir – warum soll ich etwas machen?" Meine Eltern waren in Rente, mein Vater war schwerkrank und meine Mutter hatte ein Rückenleiden! Nach sechs Jahren beantragte er seinen deutschen Pass. Entgegen aller Unkenrufe, waren wir auch danach noch zusammen. Hatte ich nicht gleich gesagt, dass Samir mich nicht nur wegen der Papiere heiratete?

Nach acht Jahren in dieser Ehe starb mein Vater. Für mich brach eine Welt zusammen. Anfänglich versprach mein Mann mir, mich zu unterstützen, dieses Versprechen hielt leider nur zwei Wochen. Dann stand ich auf der Leiter mit der Heckenschere über dem Kopf in Jogginghose und mein toller Mann fuhr in Designer-Kleidung, mit Goldkettchen in der Luxuskarosse spazieren. Mir wurde langsam bewusst, dass ich mich auf ihn nicht verlassen konnte und ich auch gut allein klar käme. Gerade in dieser Zeit hätte ich eine Schulter zum Anlehnen gebraucht, doch Samir vergnügte sich lieber mit irgendwelchen Freunden und anderen Weibern in der Stadt.

Da ich meinen Ex kaum noch ertragen konnte, erklärte ich ihm, dass ich mich von ihm trennen wollte. Er rastete vollkommen aus, beschimpfte mich und baute vor lauter Wut einen Unfall mit dem Auto. Von diesem Zeitpunkt an wurde unsere Ehe katastrophal. Ich habe fast ein Jahr gebraucht, ihn dazu zu bewegen, auszuziehen. Er zog alle Register, bekam einen Nervenzusammenbruch, ich bekam bei jeder Gelegenheit Morddrohungen, er wollte das Haus in die Luft sprengen, zertrümmerte einen Teil der Wohnung, zwang mich zum Sex, beschimpfte und kontrollierte mich. Da ich allerdings konsequent dabei blieb, dass ich die Ehe nicht weiterführen wollte, blieb ihm nichts anderes übrig als in den sauren Apfel zu beißen. Nicht ohne alle Konten aufzulösen und das Geld abzuheben, Verträge zu kündigen und mich so unter Druck zu setzen, dass ich ihm noch Möbel für die neue Wohnung kaufte.

Ich war mittlerweile so kaputt, dass ich nur noch ein Ziel verfolgte – seinen Auszug. Ich hätte auf dem Boden geschlafen und auf Pappkartons gesessen, nur um meinen inneren Frieden wiederzubekommen. Der Auszug lief wider Erwarten einigermaßen gut ab, von einigen Spitzen abgesehen, aber ich war so glücklich, als er den Schlüssel auf den Tisch legte, mir fiel ein richtiger Stein vom Herzen.

Mein Konto war komplett leer, ich hatte Schulden, aber ich war frei, dachte ich zumindest. Für ihn war die Beziehung noch nicht beendet. Er ließ keine Gelegenheit aus, mich unter Druck zu setzen. Ich war so zermürbt, dass ich Angst vor ihm hatte. Das merkte er natürlich und nutzte das schamlos aus. Ich nahm mir einen Anwalt, der mir davon abriet, etwas von dem Eigentum in Tunesien einzuklagen, da ich keine Belege vorweisen konnte – wie denn auch – die Baufirma hat in Tunesien abends immer mit meinen Schwiegereltern auf Zeitungspapier abgerechnet. Rechnungen gab es nur für die Materialien, die mir natürlich auch nicht vorlagen.

Davon wusste Samir aber nichts und eines Tages drängte er massiv darauf, die Scheidung durchzubekommen. Ich wunderte mich darüber sehr, bis ich heraus bekam, warum das so war. Er hatte aus Angst, dass ich Ansprüche stellen würde, die Immobilie an meinen Schwiegervater überschrieben, so dass mir nichts zustehen würde.

Die Scheidung ging relativ problemlos über die Bühne, außer dass die Richterin festlegte, dass ich meinem Ehemann eine Rente zahlen müsste, da ich ja mehr verdient hatte. Er wollte großzügig darauf verzichten, was abgelehnt wurde. Nach der Verhandlung sagte er mir, dass er wusste, wer die Verhandlung führt, durch Verbindungen zu der Mutter der Richterin, die das Verfahren leitete. Auch hier zeigte sich wieder einmal seine Skrupellosigkeit.

Mittlerweile hatte er auch eine neue Freundin gefunden. Mir war klar, dass er mit ihr nur aus Berechnung zusammen war, da sie ein kleines Kind hatte. Nach fast zwölf Jahren Beziehung wusste ich, dass das für ihn ein absolutes no go war. Allerdings hatte sie einen guten Job bei einer Behörde und verdiente richtig viel Geld. Eine Möglichkeit für ihn, seiner Geldgier weiter nachzugehen. Er zog bei ihr ein, beteiligte sich finanziell mit einer geringen Summe am Haushalt, meldete sein Auto ab, denn sie hatte ja eins und sparte sich so über vier Jahre eine Anzahlung für eine Eigentumswohnung zusammen. Auch diese Beziehung hielt ihn nicht davon ab, sich in Tunesien zweimal zu verloben.

Von Tunesien bekam er auch noch einiges an Geld, da wir den Rohbau für seinen Neffen im Voraus mitfinanziert hatten, denn der hatte zu diesem Zeitpunkt kein Geld. Ich wusste das als wir gebaut haben nicht, wurde nur später stutzig, als er sich plötzlich in Tunesien neu einrichtete und ein Auto für den Urlaub kaufte.

In seiner Nachbarschaft in Deutschland befand sich ein altes Ehepaar, das sehr zurückgezogen lebte. Er bot ihnen mit seiner charmanten Art Unterstützung an, die er zuerst noch kostenlos, mit der Zeit allerdings nur nach Bezahlung erledigte. Auch so verdiente er sich noch Einiges dazu. Als die Frau starb und der Mann völlig allein dastand, kümmerte er sich rührend um die Finanzen und brachte den Mann sogar so weit, dass er ihm sein kleines Haus vermachte. Vorher wurden allerdings erst alle Konten leergeräumt, um ein tolles Auto zu kaufen.

Mit dieser Einnahmequelle war er endlich soweit, dass die Jungfrau aus Tunesien konnte kommen, die Thronfolger wurden geboren. Die Hochzeit fand in der von mir mitfinanzierten Wohnung statt. Eine Woche später schickte er mir die Hochzeitsbilder per E-Mail. Sie hat kein schönes Leben, er spricht nicht liebevoll von ihr und manchmal tut sie mir sogar ein wenig leid, da ich ihn sehr gut kenne. Aber sie hat sich ohne irgendetwas zu tun, finanziell gut gesetzt und wenn ihr Mann so weiter macht, wird sie in ein paar Jahren als reiche Frau in ihr Heimatland zurückkehren.

Ich kenne niemanden, der einen solchen Luxus innerhalb so kurzer Zeit durch ehrliche Arbeit und Sparsamkeit erreicht hat. Er hat es geschafft, auf Kosten Anderer. Nicht zuletzt hat er das auch dem Umstand zu verdanken, dass ich es ja war, die ihm seinerzeit den gut bezahlten Job besorgte, den er heute noch, ganz in meiner Nähe, ausübt.

Während ich meine Geschichte aufschreibe, kann ich immer noch nicht verstehen, wie ich mich darauf einlassen konnte. Ich möchte alle Frauen warnen, sich selbst aufzugeben, sich einem Mann unterzuordnen. Oft ist das ein schleichender Prozess, den man selbst nicht mitbekommt. Es kostet eine unwahrscheinliche Kraftaufwendung sich zu lösen und manchen gelingt es das ganze Leben nicht.

Leider fand ich kein Gehör in meinem Umfeld. Immer wenn ich dieses Thema angeschnitten habe, bekam ich die Antwort: „Das habe ich dir doch gleich gesagt", oder

„Wie kann man sich auch nur auf so etwas einlassen?"

Einen wesentlichen Schritt weiter kam ich, nachdem ich die Internetseite 1001Geschichte gefunden hatte. Ich fand Menschen, denen ähnliches passiert ist, die mir zuhörten und mir Mut machten. Ich fand es gut, dass man sich nach diesen Erfahrungen nicht die Decke über den Kopf zieht, sondern das Beste daraus macht.

Ich bin seit über sieben Jahren in einer neuen Beziehung, die völlig anders läuft. Ich entscheide, was ich tue, natürlich auch mit Kompromissen, ich kann meine Meinung sagen, wenn ich das möchte.

Natürlich haben wir auch manchmal Probleme, aber mein Stellenwert ist ein völlig anderer. Ich werde nicht mehr dauerhaft unter Druck gesetzt und ich habe keine Angst mehr, dass mich mein Partner verlässt.

Nie wieder werde ich mein Leben von einem Mann bestimmen lassen und mich aufgeben.

*

Wahre Geschichte Nr. 03 – Rosemarie
Ein kleines, dunkles Zimmer in meinem Traumhaus in Tunesien kostete mich mein ganzes Vermögen

Ich war gerade 38 Jahre alt, als mein Mann durch einen schrecklichen Unfall aus meinem Leben gerissen wurde. Es war eine schlimme Zeit für mich, denn wir hatten eine sehr gute Ehe und waren rundum glücklich miteinander. Irgendwie war ein Stück von mir mit gestorben.

Ein gutes Jahr später, nachdem der größte Schmerz einigermaßen verkraftet war, fing ich wieder an zu leben und ich entschloss mich zu verreisen, nachdem meine Arbeitskolleginnen mir gut zugeredet hatten. Mein Mann und ich waren oft zusammen in Tunesien, haben dort wunderschöne Urlaube verbracht und dort wollte ich nun noch einmal hin. Ich nutze also meinen gesamten mir zustehenden Urlaub und mietete mich für drei Wochen in das Hotel in Zarzis ein, wo ich früher immer mit meinem Mann war.

Mit einem Taxi fuhr ich zu all den Orten, die ich von früher her kannte. Der Taxifahrer, mit dem ich einen Pauschalpreis für alle meine Fahrten machte, freute sich über die täglichen Fahrten. Er war sehr freundlich und mit der Zeit erzählte ich ihm vom Tod meines Mannes und warum ich diese Reise nun allein machte.

Der Mann, zirka 30 Jahre alt, war wirklich reizend und entwickelte sich langsam zum erstklassigen Fremdenführer. Er erzählte mir viele Geschichten von Land und Leuten und auch davon, dass er ebenfalls eine Frau verloren hatte. Sie war im Kindbett gestorben und er zog nun seinen kleinen Sohn allein auf.

Eines Tages lud er mich zu seiner Familie ein, ich sollte ein traditionelles tunesisches Essen kennenlernen. Das nahm ich dankbar an. Im Haus seiner Familie lernte ich seine Mutter und seine verheiratete Schwester kennen, die zwei kleine süße Mädchen hatte. Auch seinen eigenen Sohn, den dreijährigen Tahar stellte er mir vor. Ich wurde sehr freundlich empfangen. Mohamed, mein Taxifahrer übersetzte mir jedes Wort und es wurde ein wunderbarer Tag. Am nächsten Tag kaufte ich eine Tüte voller Süßigkeiten und gab sie Mohamed für die Kinder mit.

Nach einer Woche sagte mir Mohamed, was ich für eine wunderbare Frau sei und dass er sich in mich verliebt hätte. Zunächst konnte ich das nicht glauben, denn Mohamed war ein gut aussehender Mann und ich, na ja, schon etwas pummelig und nicht gerade eine Schönheit, eher ein Allerweltstyp. Und auch neun Jahre älter als er. Trotzdem schwor er mir von nun an jeden Tag seine Liebe und als ich eines Abends mit ihm in einem Restaurant saß, musste ich ihm schwören, wiederzukommen und bei ihm zu bleiben. Ich erlag seinen Liebesschwüren und versprach es ihm. Einen Tag vor meiner Abreise verbrachte ich die Nacht mit ihm am Strand. Es war wunderbar unter dem Sternenhimmel und zum ersten Mal seit dem Tod meines Mannes, spürte ich wieder so etwas wie Glück. Ich hatte mich verliebt.

Wieder in Deutschland wartete ich täglich auf seine Briefe. Er schrieb viel und auch fast fehlerfrei deutsch. Wir telefonierten oft und vier Monate später verbrachte ich meinen Weihnachtsurlaub mit ihm in Zarzis.

Dort machte er mir dann einen Heiratsantrag und ich sagte ja. Schon einen Monat später hatte er ein Visum für Deutschland und verbrachte einen Monat bei mir in meiner Heimat. Ich hatte den Himmel auf Erden. Mohamed versorgte perfekt den Haushalt und tat alles für mich. Niemals verlangte er etwas von mir. Wenn ich ihm ein wenig Geld zusteckte, damit er sich in der Stadt ein paar warme Kleidungsstücke kaufen konnte, wehrte er sich dagegen, kaufte nur das Billigste und brachte den Rest Geld zurück.

Wir fingen nun an über unsere Zukunft zu sprechen. Er schlug mir vor, dass wir im Sommer in Tunesien heiraten könnten und wir dann dort zusammen im Haus seiner Familie leben könnten. Der Gedanke, in diesem wunderschönen Land mit diesem wunderbaren Mann zu leben, ließ mich nicht mehr los. Allerdings die Vorstellung in diesem kleinen, ärmlichen Haus mit seiner Familie zu leben, behagte mir nicht so recht. Ich schlug ihm also vor, eine eigene Wohnung zu nehmen und mit ihm und seinem Sohn dort zu wohnen. Die Miete sei zu teuer, sagte er und es wäre auf Dauer günstiger, ein eigenes kleines Haus auf seinem Land, das er von seinem Vater geerbt hätte, zu bauen. Ungefähr 30.000 DM seien dafür erforderlich – aber mit seinem Taxi würde er lange brauchen, die Summe zu ersparen. Ich rechnete nach und kam darauf, dass wir das mit zwei Jahren Miete wieder drin hätten. Ich hatte noch das Geld aus der kleinen Lebensversicherung meines Mannes, das würde ausreichen, das Häuschen zu bauen und noch eine Weile davon leben zu können.

Ich nahm ein paar Tage Sonderurlaub und flog mit ihm nach Tunesien zurück. Dort richtete ich ein Konto ein, auf das ich das Geld für den Bau überwies. Er zeigte mir das Land und ich war sofort verliebt. Es lag auf einem kleinen Hügel mit Blick auf das Meer hinunter. Meine Träume schienen perfekt, ich war glücklich.

Im September würde ich wiederkommen und dann sollte das Haus fertig sein und die Hochzeit stattfinden. Die dafür erforderlichen Papiere sollte ich mitbringen. Ich erkundigte mich also bei der Ausländerbehörde und der deutschen Botschaft – schließlich wollte ich alles richtig machen. Die Monate flogen dahin, wöchentlich telefonierte ich mit Mohamed und er erzählte mir von dem voranschreitenden Bau.

Er schickte mir Fotos, damit ich sehen konnte, dass alles zu meiner Zufriedenheit sei. Er würde das Haus bis zu meiner Ankunft soweit fertig haben, dass wir es nur noch einrichten müssten, versprach er mir. Einen Monat vor meinen Urlaub sagte er mir am Telefon, dass sein Taxi kaputt sei und er nun kein Geld verdienen könne. Die Reparatur würde teurer kommen als ein neues Auto, da der Motor komplett hinüber sei und außerdem sich die Reparatur nicht lohnen würde, weil das Auto schon 15 Jahre alt sei. Ich überwies ihm also noch mal 5000 Mark für ein gebrauchtes Taxi, er sagte, dass er dafür eins kaufen könne.

Schließlich müsste er ja auch in Zukunft unseren Lebensunterhalt damit verdienen. Ich fieberte meiner Abreise entgegen. Mit meinem Chef hatte ich vereinbart, dass ich nach dem Urlaub noch bis Jahresende in der Firma bliebe und dann nach Tunesien ziehen wollte. Da er Mohamed inzwischen von seinem Besuch kannte und einen guten Eindruck von ihm hatte, wünschte er mir Glück.

Tja, und dann kam der lang ersehnte Tag. Er holte mich mit dem neuen Taxi am Flughafen Djerba/Zarzis ab und wir fuhren direkt zu unserem neuen Haus. Da lag es nun auf dem Hügel, es hatte noch keinen Außenanstrich und die Fenster waren auch noch nicht fertig, aber man konnte doch erkennen, wie hübsch es einmal werden sollte. Glücklich fiel ich ihm um den Hals und bedankte mich tausendmal bei ihm, dass er das alles geschafft hatte. Er sagte mir, dass die Fenster in zwei Tagen eingesetzt werden können und führte mich dann hinein. Er führte mich zu einer Tür und sagte mir, dass sich dahinter mein Zimmer befinden würde. Ich war etwas irritiert, trat aber ein. Ein kleines Zimmer, mit einem kleinen Fenster. Ich blickte hinaus. Kein Meerblick, sondern die Mauer des Nachbarn in zwei Meter Entfernung. Dann sagte er, ich solle mich setzen. Ich tat es und er erklärte mir ohne Umschweife, dass die Frau, die er als seine Schwester ausgegeben hatte seine eigene Frau sei und dass alle drei Kinder seine waren. Dass er sich scheiden lassen wollte, aber seine Familie dagegen sei. Dass er aber mit mir zusammen bleiben wollte und ich deshalb in dieses kleine Zimmer ziehen sollte. Seine Frau würde das verstehen, schließlich hätte ich mit meinem Geld dafür gesorgt, dass es der Familie gut ginge und man würde mich als gute Tante aufnehmen. Ohne mich zu Wort kommen zu lassen, sagte er, dass ich das entweder akzeptieren sollte oder nicht. Und sein Blick verriet mir, dass er mich die ganze Zeit belogen und betrogen hatte.

Ohne mich noch einmal umzusehen verließ ich das Haus, lief zur Straße und nahm mir ein Taxi in die Stadt.

Dort stellte ich fest, dass das Konto restlos leer war. Der Bankangestellte grinste mich nur hämisch an. Das war's. Ich flog nach einer schlaflosen Nacht nach Deutschland zurück und schämte mich maßlos, dass ich auf die lange Schauspielerei dieses Mannes hereingefallen war.

*

2. Bezness vor der Haustüre

Bezness passiert aber auch vor der Haustüre. Asylbewerber, die dringend einen Aufenthaltsstatus brauchen, um nicht ins Heimatland abgeschoben werden zu können, gehen gezielt auf die Suche nach dem Visum auf zwei Beinen. Mit Vorliebe tun sie das in Diskotheken oder einschlägigen „Salsa-Schuppen". Hier sind alleinstehende Frauen leichte Beute. Man zeigt sich von seiner besten Seite, ist zurückhaltend, extrem höflich und überaus charmant. Man begleitet sie nach Hause, verabschiedet sich höflich, gibt vor, Respekt vor deutschen Frauen zu haben, weil sie so selbstständig, intelligent und fleißig sind. Wenn sie dann die Handynummer bekommen, ist der Anfang gemacht und das „Spiel" beginnt. Erst zaghafte, dann endlose Liebesschwüre per SMS, per Telefon und bei der nächsten Verabredung. Man bleibt so lange zurückhaltend und höflich, bis sie angebissen hat. Hat sie sich dann verliebt, ist das „Spiel" gewonnen. Zu diesem Thema gibt es einige wahre Geschichten, die bei 1001 Geschichte.de nachzulesen sind, wie z. B. Nummer 245.

3. Internet-Bezness

Die gefährlichste aller Varianten ist die virtuelle. Der Internetchat. Hier lauern die bösesten Überraschungen.

Ob in Algier, Tunis, Kairo, Karaman, Mombasa oder Timbuktu: Auch im kleinsten Ort der Welt gibt es mittlerweile das „World Wide Web".

Nicht jeder hat einen eigenen Computer, aber überall gibt es die Internetcafés, deren Plätze immer besetzt sind. So tummeln sich dort täglich hunderte von jungen Männern und vereinzelt auch Frauen, die nach den „reichen" Europäern suchen, die einem Chat mit einem Menschen aus Afrika, Arabien oder Asien nicht abgeneigt sind. Die Gefahren sind hier vielschichtig. Übers Netz kommen nicht nur die typischen Beznesser, die eben einfach mittels einer Frau nach Europa wollen, sondern auch diejenigen, denen es ausschließlich um finanzielle Interessen geht. Nachdem man sich zunächst „kennengelernt" und Vertrauen zueinander aufgebaut hat, kommen dann schnell die Forderungen nach Geld. Da muss eine Mutter plötzlich am Herzen operiert werden, eine Schwester will eine Ausbildung machen oder ein Baby ist krank.

Das Helfersyndrom, besonders das der Deutschen, ist bekannt und wird hier schamlos ausgenutzt. Auch hierzu gibt es im Forum von 1001Geschichte zahlreiche wahre Geschichten, z. B. 216 und 189.

Das sogenannte Romance Scamming (siehe 209 und Quellennachweise) geht noch einen Schritt weiter. Bei dieser Form von Internet-Betrug geht es ausschließlich um finanzielle Interessen. Auch hier ist äußerste Vorsicht geboten.

4. Bezness als Geschäftsmodell

Diese Art von Bezness hat nichts mit vorgetäuschter Liebe und Vortäuschung falscher Gefühle zu tun. Hier geht es schlicht und einfach um Geld und Betrug.

So mancher Deutsche, der sich im Urlaub mal in das Land verliebt hat, träumt davon, irgendwann dort zu leben. Ein Häuschen am Strand zu haben, vielleicht auch dort ein Geschäft zu eröffnen, von dem man seinen Lebensunterhalt im jetzigen Urlaubsland bestreiten könne.

Viele Häuser und Wohnungen sind auf diese Weise in orientalischen Ländern entstanden. Immer waren Einheimische beteiligt, die den künftigen „Auswanderern" behilflich sein wollten, sei es beim Grundstückskauf, beim Aussuchen von zuverlässigen Handwerkern oder auch bei Geschäftsbeteiligungen.

Auch in meiner damaligen Zweitheimat Zarzis standen diverse, von Touristen gebaute Häuser, die dann irgendwann in den Besitz des einheimischen „Helfers" übergingen, weil entweder Betrug vorlag oder den eigentlichen Besitzern das Leben dort so schwer gemacht wurde, dass sie von allein wieder gingen und ihr Traumhäuschen am Meer für einen „Appel und ein Ei" wieder hergeben mussten.

Ich kannte einen Seemann, der am Strand von Al Okla ein Haus gebaut hatte, weil er seinen Lebensabend dort verbringen wollte. Als alles fertig war, gab es Probleme mit dem Grundstück. Man verweigerte ihm das Wegerecht, das ihm vorher per Handschlag, wie es dort üblich ist, zugesagt war. Der gutgläubige Mann konnte nicht mehr in sein Haus. Der Weg dorthin wurde Tag und Nacht bewacht. Kam er in die Nähe, verjagte man ihn mit Knüppeln. Der Tunesier, der ihm das Wegerecht verweigerte, war der gleiche Mann, der ihm das Grundstück verkaufte. Weder die Polizei noch das Grundbuchamt, noch das Gericht halfen diesem Mann. Der Seemann, der inzwischen im Hotel lebte, erfuhr dann, dass er Krebs hatte. Er gab sein letztes Geld dafür aus um jemanden anzuheuern, der ihm half, die Aufpasser abzulenken, damit er sich nachts mit einigen Benzinkanistern in das Haus schleichen konnte. Er zündete das Haus an und kam dabei, vielleicht wegen der Krebsdiagnose, gewollt ums Leben.

Ich sah in meinen tunesischen Jahren einige europäische Familien, die dort Häuser gebaut oder Geschäfte zusammen mit Einheimischen eröffnet hatten. Völlig ausgenommen und oft mit sich und der Welt fertig, gingen sie wieder. Am Ende erging es mir selbst ja auch nicht anders (Geschichte Nr. 01).

Eine der schlimmsten Geschichten ist die von Michael Dunkel, der seine Erlebnisse in dem spannenden Buch *„Der Teufel kochte tunesisch"* niedergeschrieben hat (siehe Buchtipps am Ende des Buches).

Geschichte Nr. 04 – Michael
Der Teufel kochte tunesisch

1971, im Alter von 20 Jahren, flog ich über Weihnachten nach Zarzis, Tunesien. Die orientalische Umgebung, Land und Leute faszinierten mich und blieben in meiner Erinnerung. Danach ergab sich keine Gelegenheit, dort einen weiteren Urlaub zu verbringen.

1995, fast fünfundzwanzig Jahre später, fragten mich Freunde, ob ich Lust hätte, mit ihnen für drei Wochen nach Djerba zu fliegen. Sie hätten in Zarzis ein Haus gemietet und es gäbe genügend Platz. Kurz entschlossen sagte ich zu. Vor einigen Monaten hatte ich meine Anstellung verloren, keine Aussichten auf einen neuen Job und deshalb keine Verpflichtungen.

Zarzis hatte sich im Vergleich zu damals in eine touristische Stadt verwandelt, mit Bars, Restaurants und Cafés. Über dem orientalischen Flair lag durchaus etwas Modernes, Europäisches und so hatte ich keinerlei Bedenken, als mich ein Teppichverkäufer fragte, ob ich nicht gemeinsam mit ihm Geschäfte auf Djerba eröffnen wolle. Er habe vor zu heiraten und brauche dazu seine Eigenständigkeit und Geld. Das Geld sollte ich aufbringen, im Gegenzug würde er mir bei der Eröffnung meines eigenen Bazars helfen. Damit war ich einverstanden und bereitete kurz entschlossen meinen Verbleib in Tunesien vor.

Im Winter des gleichen Jahres reiste Faruk nach Köln, besuchte dort Kunden, wohnte bei Bekannten und motivierte mich, meine Pläne weiterhin umzusetzen. Wir machten einen schriftlichen Vertrag über ein Darlehen von damals 40.000 DM, welches ich ihm auch in Deutschland aushändigte. Im März 1996 flog ich mit weiteren 45.000 DM nach Djerba.

Ich wollte dieses Geld direkt am Flughafen deklarieren, Faruk hielt mich jedoch davon ab und meinte, er wolle dies bei der Polizei in Zarzis-Souhiel machen. Dort würde ich auch angemeldet und so ginge alles seinen Weg. Er hatte mir ein Haus, einsam am Strand gelegen, angemietet. Hier sollte ich ungestört wohnen und den neugierigen Fragen seiner Kollegen und Freunden aus dem Weg gehen. Er erzählte sofort von großem Neid, wenn andere über sein Glück erführen, von mir Geld erhalten zu haben. Ich respektierte diesen Wunsch und blieb von Anfang an ausschließlich in seinem Umfeld. Er stellte mich seiner Familie, seiner Braut und einem Ehepaar vor. Dieses Paar wohnte am Stadtrand von Zarzis und Faruk berichtete mir, die Frau könne wahrsagen und mit Kräutern und Pflanzen Menschen beeinflussen. Er nannte es MicMac. Dieses MicMac war ein feststehender Begriff bei alteingesessenen Familien aus Zarzis. Ich fand diesen Humbug zunächst albern, äußerte mich jedoch nicht dazu, um ihn nicht zu beleidigen.

Eines Tages bekam ich aus heiterem Himmel Nasenbluten, welches sich nicht stillen ließ. Zufällig kam ein ehemaliger Arbeitskollege und Vetter von Faruk zu Besuch. Er war sehr erschrocken, fragte mich sofort, ob ich bei Fremden etwas gegessen oder getrunken hätte und forderte mich auf, zu einem Arzt zu gehen. Auf dem Weg dorthin trafen wir auf halber Strecke Faruk. Er begleitete uns zu einem Arzt, der mir Immuntabletten gab und Faruk aufforderte, auf mich aufzupassen. Von nun an entwickelten sich Attacken auf meine Gesundheit, welche ich zunächst noch für Zufall hielt. Deshalb schenkte ich dem keine allzu große Beachtung.

Jeden Abend fuhr Faruk mit mir zu der Familie am Stadtrand und Aisha, die Frau, kochte Tee und warf Kräuter in ein Feuer, um Faruk und mich zu reinigen, wie sie das nannte. Ohne Rücksicht auf meine Anwesenheit, unterhielten sie sich ausschließlich auf Arabisch und so lernte ich wie ein Kind, Stück für Stück, die Sprache zu verstehen. Eines Tages wurde mir bei einem Besuch bei Aisha mit Entsetzen klar, Faruk wollte mich beseitigen. Er war in einer der für Südtunesien üblichen Organisation, welche sich gegenseitig half, Geschäfte zu tätigen und darüber hinaus in einer Art fundamentalistischen Bewegung. Er hatte versucht, mich dort einzuführen, ohne mein Wissen, um mir eine gewisse Berechtigung für den Aufenthalt zu garantieren. Diese Leute wollten jedoch keinen Fremden zulassen. Leider hatte ich aber schon zu viel an Interna mitbekommen. Zwar begriff ich die Zusammenhänge nicht, in ihren Augen wusste ich jedoch schon zu viel.

Von diesem Zeitpunkt an erhielt ich in Getränken und in meinem Essen regelmäßig Substanzen, welche meine Gesundheit angriffen. Plötzlich blutete ich aus der Harn-röhre. Entsetzt stellte ich Faruk zur Rede. Dieser versuchte mich zu beruhigen, mir würde nichts geschehen, ich sei „sauber" und „heilig" und das wären Versuche von außen, mich mit MicMac (tunesische Bezeichnung für vodooartigen Zauber) zu vertreiben. Ich war zwar skeptisch, ließ mich aber auf seine Beteuerungen ein.

Mir fiel auf, dass ich mich nicht mehr frei bewegen konnte. Überall gab es Aufpasser, welche Faruk über alles unterrichteten, wenn ich tatsächlich einmal für ein paar Stunden allein war. Er ließ mich auch nicht mehr telefonieren. In der ersten Zeit hielt ich über eine auf Djerba lebende Freundin nach Deutschland Kontakt.

Dieser Kontakt wurde unterbunden, indem mir Faruk keine Möglichkeit einräumte, aus der Öffentlichkeit heraus zu telefonieren. Mein mitgebrachtes Geld hatte er nach einem Monat ebenfalls erhalten und nicht, wie versprochen, bei der Polizei deklariert. Er hatte gesagt, er brauche dieses Geld, um die Geschäfte sicher zu reservieren und ich könne den Handel nicht durchführen, da ich kein Tunesier sei. Zögerlich gab ich ihm die restlichen 40.000 DM. Damit war ich auf ein Taschengeld angewiesen, das gerade für Zigaretten reichte. Mein Krankheitsbild wurde zusehends schlechter und wenige Wochen später forderte er mich auf, eine transparente, gelbe Flüssigkeit zu trinken. Dies sollte mir helfen, endgültig von den Giftattacken von außen befreit zu werden.

Widerstrebend nahm ich das Getränk, nippte nur vorsichtig daran. Ein ekelerregender, bitterer Geschmack, ließ es mich umgehend ausspucken. Den Rest vom Inhalt mit dem Glas warf ich fort. Nach nicht einmal einer Stunde zerriss es mir förmlich den Unterleib und meine gesamten Innereien bäumten sich auf. Diese Tortur setzte sich noch weitere vier Wochen fort, bis ich, jetzt schon fast tot, die Chance fand zu flüchten.

Mit Hilfe eines Tunesiers, der außerhalb der Clanfamilien stand und meine Lage wohl auch von außen beobachtet hatte, konnte ich in einem Hotel unterkommen. Von dort aus rief ich nach Monaten Bekannte an, welche mir versicherten, mich aus dem Land zu holen.

Mit weiterer Hilfe einer Reiseleiterin, die mir für einen Flug einen Platz reservierte, konnte ich mit letztem Aufwand, nach drei Tagen, Tunesien verlassen. Ein gleichzeitig aus Deutschland alarmierter Freund, reiste ebenfalls an und begleitete mich zurück.

Ich erhielt für das schändliche Verhalten von Faruk nie eine Erklärung seinerseits. Er versprach zwar immer wieder, mir die Hintergründe seiner Taten aufzudecken, dies erfolgte jedoch nie. Mein Geld bekam ich ebenfalls nicht zurück. Angekommen in Deutschland, begab ich mich in die Hände eines iranischen Arztes, welcher mit Vergiftungen orientalischer Art vertraut schien. Er bekam mich nach längerer Behandlung wieder auf normalen Gesundheitsstand. Ich informierte die tunesische

Botschaft und die Deutsch-Tunesische Gesellschaft. Beide wollten oder konnten mir nicht helfen.

Heute gibt es mir Kraft, dass ich mit meiner Geschichte anderen Menschen, die ähnliche Schicksale erlebt haben oder noch mitten drin stecken, helfen und warnen kann.

*

Oder hier die Geschichte einer Deutschen, die seit Jahren mit dem Vater des türkischen Schulkameraden ihres Sohnes befreundet war.

Wahre Geschichte Nr. 05 – Lydia
Wie der Vater, so der Sohn

Solange mein Sohn Oliver die Schule hier in meiner Stadt besuchte war sein bester Freund der Türke Kemal. Später ging er dann auf die Technische Hochschule und der Kontakt mit Kemal ließ etwas nach. Nicht so bei mir und Kemals Vater Ömar. Wir waren seit Jahren Freunde, trafen uns zum Essen, gingen manchmal zusammen zu einem Eishockeyspiel und verstanden uns wirklich gut.
Er sagte mir immer, dass er es sehr bewundere, dass man als alleinstehende Mutter alles so selbstständig meistern kann. Kind, Haushalt und Beruf unter einen Hut zu bringen ist ja auch oft nicht so leicht. Mein Mann verunglückte tödlich als mein Sohn zwei Jahre alt war. Ömar war schon viele Jahre in Deutschland. Anfangs

noch mit seiner ganzen Familie. Seine Frau und die beiden Mädchen gingen aber schon vor einigen Jahren in die Türkei zurück. Seine Frau ließ sich scheiden und heiratete in der Türkei einen Anderen, so erzählte er mir und sah dabei unendlich traurig aus. Ömar lebte dann noch mit seiner Schwester und seinem Sohn Kemal hier.

Wenn Kemal seine Ausbildung beendet hat, dann wollte auch er endlich in die Heimat zurück. Ich weiß nicht, warum und weshalb, aber irgendwie kam es, dass wir uns näher kamen. Wir kannten uns bereits sechs Jahre und nie war etwas zwischen uns vorgefallen. Nun aber blieb er immer öfter bei mir. Er sagte mir, er hätte gewartet bis unsere Söhne aus dem Haus waren und bis er sich selbst ganz sicher gewesen sei, dass ich die Frau sei, mit der er nun alt werden wollte. Ich sollte mit ihm in seine Heimat zurückkehren und ein schönes Leben haben. Nur noch vierzehn Monate mussten wir warten. Dann sollte Kemal seinen Gesellenbrief machen und danach selbst entscheiden, ob er in Deutschland bleiben wollte oder nicht. Immerhin wurde er dann 20.

Ömar schwärmte mir vor, dass er in der Türkei ein kleines Restaurant am Strand kaufen wollte. Wenn er sich seine Rente auszahlen lasse, dann würde er sich diesen Traum erfüllen können. Immer öfter sprachen wir darüber und auch ich fand den Gedanken langsam sehr verlockend. Ich wollte mir das alles aber erst einmal ansehen, bevor ich mich entschied. Also verbrachten Ömar und ich unseren Urlaub in seiner Heimat. Das Restaurant, das er kaufen wollte, gehörte einem alten Onkel, der sich zur Ruhe setzen wollte. Es war immer gut besetzt, denn es war das einzige Lokal am Strand in dieser Gegend. Überhaupt war es eine sehr reizende Gegend. Allein der Blick aufs Meer von der Terrasse aus, die ringsum mit Oleandern und Palmen bepflanzt war, bezauberte mich. Es kamen viele Touristen aber auch einheimische Gäste. Allerdings war hier eine Renovierung dringend nötig, man musste also schon noch etwas Geld hineinstecken, vor allem in die desolate Küche. Der Gedanke aber, dieses Lokal hier mit Ömar zu betreiben, gefiel mir. Wir wurden nun ein Paar und wir sprachen mit unseren Söhnen darüber. Beide waren sehr begeistert und versprachen uns, ihren Urlaub jedes Jahr bei uns zu verbringen. Die Zeit verging schnell. Ömar bekam seine Rente ausbezahlt und ich überraschte ihn damit, dass ich noch einen Spartopf mit 30.000 Mark hatte. Dieses Geld wollte ich investieren, damit ich nicht das Gefühl hatte, auf seine Kosten zu leben. Dass ich Ömar vertrauen konnte, hatte er mir doch in all den Jahren bewiesen. Tja, und dann bat er mich seine Frau zu werden, damit alles seine Ordnung hat und es keine Schwierigkeiten mit der Aufenthalts- und Arbeitsgenehmigung für mich in der Türkei gab. Ich gab meinen gut bezahlten Job auf und er überzeugte mich davon, dass es besser wäre, erst in der Türkei zu heiraten. Alle nötigen Papiere nahmen wir mit. Was redeten meine Arbeitskollegen und Freundinnen auf mich ein. Geh nicht, sagten sie, du wirst es bereuen!

Ich aber war überzeugt davon, dass es richtig war, schließlich waren unsere Söhne auf unserer Seite.

Nachdem wir unsere Wohnungen aufgegeben und die Möbel und allen übrigen Ballast verkauft oder entsorgt hatten, packten wir unser restliches Hab und Gut in einen großen Lieferwagen und fuhren im Frühjahr in die neue Heimat. Wir machten mit dem Onkel einen Kaufvertrag für das Lokal, der auf uns beide lief und legten dann los. Die ersten zwei Monate waren wir nur am Arbeiten. Schließlich wollten wir im Juni eröffnen und unsere Wohnung, die über dem Lokal lag, war auch noch nicht renoviert. Da ich aber viel Wert auf eine ordentliche Wohnung legte, steckte ich zunächst einiges Geld in die Renovierung dieser Wohnung. Es waren drei Zimmer, eine kleine Küche und ein großes Badezimmer. Außerdem gab es eine tolle Dachterrasse, von der aus wir einen wunderbaren Blick auf das Meer hatten. Das eine Zimmer richtete ich für die beiden Jungs ein, die dann immer bei uns willkommen waren.

Nach zwei Monaten war alles fertig und wunderschön geworden. Ich fragte mich, weshalb Ömar mich nicht fragte, ob wir nun zum Standesamt gehen sollten.

Schließlich wurde es langsam Zeit, denn als Touristin konnte ich ja nicht ewig bleiben. Also sprach ich ihn darauf an. Er nahm mich in den Arm und sagte, er wollte warten, bis unsere Jungs da sind. Er wollte nicht ohne sie heiraten und auch nicht das Lokal eröffnen. Das leuchtete mir ein und ich freute mich darüber, dass Ömar so dachte. Zwei Wochen später, wir hatten inzwischen kräftig eingekauft, unsere Speise- und Getränkekarten in drei Sprachen drucken lassen und alles für die Eröffnung vorbereitet, kamen unsere Kinder. Ömar holte sie am Flughafen ab und ich freute mich so sehr! Beide waren von ihrem hübschen Zimmer begeistert. Als wir am Abend zusammen auf der Terrasse unserer Wohnung aßen, fragte Oliver, wann denn die große Hochzeitsparty steigen sollte. Da wurden Ömar und Kemal plötzlich ganz verlegen. Ömar sagte ganz trocken und ohne mich anzusehen. „Es muss jetzt gesagt werden, es gibt keine Hochzeit." Oliver und ich sahen uns an und mir wurde plötzlich ganz anders. Oliver nahm das Gespräch wieder auf und fragte was los sei. Kemal antwortete ihm und sagte, dass sein Vater die ganzen Jahre gelogen hatte, um diesen Traum wahr zu machen. Sein Onkel wollte dieses Jahr verkaufen und wenn sie das Geld nicht zusammen bekommen hätten, hätte er an jemanden anderes verkauft. Seine Mutter hatte sich auch nicht scheiden lassen und sie und seine beiden Schwestern würden nächste Woche aus Istanbul hierher kommen, um im Lokal zu arbeiten. Auch er selbst, würde nicht mehr nach Deutschland gehen, schließlich war er jetzt der Sohn des Chefs und werde eines Tages das Lokal übernehmen.

Dann nahm er meine Hand und sagte mir, dass er und sein Vater sich für all die Freundschaft, die wir ihnen entgegengebracht hatten, bedankten und dass wir hier immer herzlich willkommen seien und vielleicht, wenn das Geschäft gut gehen würde, würde er mir auch das Geld zurückgeben, obwohl ich aber lieber nicht damit rechnen sollte. Ich wusste nicht, was ich sagen sollte. Ich war wie vor den Kopf geschlagen. Schließlich erinnerte ich Ömar daran, dass ich in Deutschland alles aufgegeben hatte und mir doch die Hälfte des Lokals gehören würde. Er schüttelte nur mit dem Kopf. Ich sprang auf, lief ins Schlafzimmer und wollte den Kaufvertrag holen. Er war nicht mehr da. Mir wurde ganz plötzlich bewusst, dass ich betrogen worden war. Mein Geld war weg, ich hatte weder Wohnung noch Arbeit in Deutschland. Nie im Leben hätte ich geglaubt, dass dieser Mann, der so viele Jahre mein Freund war und mir nur Gutes getan hatte, so hinterhältig sein konnte. Ich ging wieder hinaus und direkt auf Ömar zu. Ich wollte jetzt ganz genau wissen, warum er das getan hatte und bat ihn mich dabei anzusehen, wenn er mir das sagte. Er sagte, seine Frau habe ihn dazu gezwungen und ohne meine 30.000 Mark hätte er es nicht geschafft. Aber er sah mich nicht an. Noch vor zwei Wochen log er, dass er auf unsere Söhne warten wollte. Dieser Betrug tat so weh, nicht nur, weil er mich um das Geld betrogen hatte, sondern weil er mir jahrelange Freundschaft und schließlich auch Liebe vorgeheuchelt hatte.

Dann warf er mir noch vor, dass ich ihn ja schließlich mit meiner freizügigen Art (was immer er damit meinte) dazu animiert hätte und außerdem hätten das „die" Deutschen nicht anders verdient.

Mein Sohn und ich reisten ab. Bitter enttäuscht. Er von seinem Freund, dem er seit der Schulzeit vertraut hatte, ich von dem Mann, der Freundschaft und Liebe heuchelte, um an mein Erspartes zu kommen. Ich zog zunächst in die Studentenbude meines Sohnes und suchte einen Anwalt auf. Er riet mir von einer Klage ab, denn schließlich hatte ich nichts in der Hand, das beweisen konnte, wo ich das Geld gelassen hatte.

Gott sei Dank hatte mein alter Chef Verständnis und ich bekam meinen Job zurück, da er bis jetzt noch keinen passenden Ersatz gefunden hatte und meine Kolleginnen alles mitmachen mussten. Mal abgesehen von den schiefen Blicken der Leute, die mich vorher gewarnt hatten, verkraftete ich das alles relativ schnell. Nur bis ich wieder eine einigermaßen eingerichtete Wohnung hatte und wieder Vertrauen zu anderen Menschen haben konnte, das dauerte sehr, sehr lange.

*

Diese Geschichten werfen nicht gerade ein gutes Licht auf das jeweilige Land. Vor allem deshalb, weil der/die Betrogene keinerlei Gerechtigkeit erfährt oder gar Hilfe erhält, selbst dann nicht, wenn er/sie alles belegen kann. Weder von der dortigen Polizei, noch von der Justiz ist Hilfe zu erwarten. Ich weiß das aus eigener Erfahrung und aus den Berichten der vielen Betrogenen. Ich kenne keinen einzigen Fall, wo eine Klage vor einem arabischen oder türkischen Gericht zum Erfolg geführt hätte. Man muss sich damit abfinden, dass einmal investiertes Geld in diesen Ländern für immer verloren ist. Wir sind froh, dass wir durch unsere Arbeit diesbezüglich viel Prävention schaffen und somit zahlreiche Menschen vor dem größten Schaden bewahren konnten und weiterhin können.

*

Das AMIGA-Syndrom

Immer wieder begegnet man bei 1001Geschichte und in anderen Foren zum Thema, Mädchen und Frauen, die vehement darauf bestehen, dass „ihrer" ja ganz anders ist und sie quasi die Nadel im Heuhaufen gefunden haben. Frisch verliebt kommen sie in die Foren, um allen anderen, bereits hereingefallenen Opfern, gut gelaunt und oft „schaden„-frohen Mutes zu berichten, wie toll, großzügig, lieb und „modern" ihr Habibi (arabisch für Liebling) oder Askim (türkisch für Liebling) doch sei.

Schon vor Jahren ergab sich bei 1001Geschichte.de aus diesen Geschichten, die allerdings fast alle im gleichen Desaster endeten wie hunderte andere Geschichten auch, die Bezeichnung „AMIGA-Syndrom", die inzwischen gang und gäbe auf vielen Internetseiten und bei Behörden ist.

AMIGA = Aber meiner ist ganz anders, ist aus zahlreichen Forenbeiträgen, Aufsätzen und Studien nicht mehr wegzudenken. Mich würde es nicht wundern, wenn dieser Begriff künftig in den Praxen der Psychologen und Therapeuten Anwendung findet.

Bemüht man Google & Co., so wird man auf der Suche nach dem AMIGA-Syndrom erstaunt feststellen, dass es bereits rund 85.000 Einträge dazu gibt. Für uns ein Zeichen dafür, dass sich sehr viele Menschen mit dem Thema Bezness auseinandersetzen. Der von uns kreierte Begriff AMIGA hat sich also bereits eingeprägt. Wenn auch das Problem Bezness in den Köpfen der Menschen einen Platz findet, so haben wir schon viel erreicht.

Auch hierzu finden Sie bei den „Wahren Geschichten" zahlreiche Beispiele, die zeigen, dass man am Anfang immer glaubt, dass der Mann, den man liebt, „so etwas" nie tun würde.

*

Die Argumente der „Gutmenschen„

Dieses Kapitel und die Bezeichnung „Gutmenschen"
(Quellennachweise) bereitete mir schon immer eine
gehörige Portion Kopfzerbrechen. Nicht etwa, weil ich
nicht davon überzeugt wäre, dass es durchaus anständige
und ordentliche Leute ausländischer Herkunft gäbe. Im
Gegenteil, während meiner langjährigen Erfahrungen
und in der Vereinsarbeit sind mir immer wieder hilfrei-
che ausländische Menschen begegnet, die ganz gewiss
nicht in die Kategorie Beznesser und Betrüger gehören.

Dennoch, sieht man sich z. B. diverse Wortbeiträge im
Forum von 1001Geschichte oder in anderen Foren an,
wo es genau um dieses Thema geht, fällt immer wieder
auf, dass es doch tatsächlich Menschen gibt, die für alles, was diese Betrüger ihren Mitmenschen antun, eine
Erklärung und gleichzeitig eine Entschuldigung parat
haben.

Die meisten dieser Argumente stammen seltsamerweise
von Frauen mittleren Alters.

- Die armen Menschen haben doch keine andere Wahl.
  Sie haben in ihrem Heimatland keine Perspektive.
- Man muss immer zwei Seiten sehen.

- Das ist eine andere Kultur, die muss man verstehen.
- Was soll der arme Kerl denn machen, er wurde so erzogen. Er kennt es doch nicht anders.

Allgemein werden Menschen, die solche Argumente abrufbereit auf Lager haben, als „Gutmenschen" bezeichnet.

Nach mehr als zehn Jahren Arbeit an der Bezness-Front sehe ich das inzwischen anders. Das sind gar keine „Gut„-Menschen. Sie tun nichts Gutes, wenn sie Leute in Schutz nehmen, die vorsätzlich betrügerisch gehandelt haben, um eigene Vorteile zu erzielen. Sind diese unbelehrbaren Gutmenschen Überbleibsel aus der Multi-Kulti-Gesellschaft, die doch offensichtlich gescheitert ist?

Bezness bleibt nun mal Betrug, egal, wie und wo es stattfindet. Muss man Betrüger in Schutz nehmen, nur weil sie im Heimatland arm sind? Ist man politisch unkorrekt, wenn man die Dinge beim Namen nennt?

Vermehrt zu beobachten ist seit einigen Jahren auch die seltsame Entwicklung, dass sogar unsere Gerichtsbarkeit zum Teil auf diese vermeintliche „Gutmenschenschiene" aufgesprungen ist. Wie sonst kann es passieren, dass Gerichte, Jugendämter und andere Behörden den „armen" betrügerischen Mann in Schutz nehmen, während sie den betrogenen Frauen die Mitschuld oder sogar Schuld unterstellen und sie vor Gericht nicht ernst nehmen. Wir haben bei **1001Geschichte** zahlreiche belegbare Fälle, wo gegen die Betrogenen entschieden wurde, wo dem Mann ein alleiniges Umgangsrecht mit den Kindern zugestanden wird, obwohl die Gefahr besteht, dass die Kinder ins Heimatland des Vaters entführt werden. Dafür gibt es genügend Beispiele.

*

Der Umgang der Behörden mit dem Thema Bezness

Vor ein paar Jahren noch konnten die Behörden mit dem Begriff Bezness nichts anfangen und somit auch nichts mit den Problemen der Frauen, die zu ihnen kamen, um Rat und Hilfe zu bekommen. Man wusste zwar, dass bi-nationale Paare einen schweren Stand und besonders die mit Moslems verheirateten Frauen es oft nicht leicht haben, aber wirklich Gedanken machte man sich nicht darum. Erst als die Frauenhäuser sich füllten, die Kindesentführungen zunahmen und immer mehr Frauen anfingen, sich auch öffentlich zu wehren, schenkte man ihnen Gehör.

Aber nur Gehör. Leider ist es in vielen Fällen so, dass den deutschen Frauen nicht geglaubt wird, wenn sie von den Gewaltausbrüchen ihrer ausländischen Männer erzählen. Diese nämlich spielen bei Jugendämtern und vor Gerichten wieder ihr altes Spiel, lügen unter Tränen und reichlicher Gestik und die arme Ehefrau steht als hysterische Lügnerin da, die ihren Mann nur loswerden will. Zu beobachten ist auch vermehrt, dass deutsche Richter vermutlich für den Ehemann entscheiden, weil sie als „politisch korrekt" dastehen wollen. Die Frau, die sich einst für diesen Mann entschieden hatte, ist in vielen Augen ohnehin selbst schuld an ihrer Misere. Ausgesprochen wird es vor Gericht nicht. Schließlich könnte man ja als ausländerfeindlich oder gar rassistisch gelten.

Besonders zu beobachten ist das im Umgang mit einigen Mitarbeitern von Jugendämtern und hier speziell bei Umgangsentscheidungen. Selbst dann, wenn die Gefahr besteht, dass das Kind ins Heimatland des Vaters entführt wird, wird ihm das Umgangsrecht ohne amtliche Begleitung zugestanden. Die Mütter sind machtlos und müssen an den Wochenenden, an denen das Kind beim Vater ist, panische Angst ausstehen, weil sie die Befürchtung haben, ihr Kind niemals wieder zu sehen. Viel zu oft wird dieser Albtraum dann zur Wirklichkeit.

Um noch einmal auf die Gerichtsbarkeit und die Richter an deutschen Gerichten zurückzukommen. Immer wieder hört man von Richtern, die zugunsten der ausländischen Mitbürger entscheiden (vielleicht weil sie befürchten, als Rassisten abgestempelt zu werden) oder gar, wie in Einzelfällen bereits bekannt wurde, sich in ihrem Urteil nach der islamischen Scharia richteten.

So war z. B. am 03.02.2012 im Handelsblatt zu lesen, dass Justizminister Jochen Hartloff (SPD) mit Scharia-Äußerungen für Wirbel sorgte. Wolfgang Bock, Richter am LG Frankfurt a. M. hat dazu einen hervorragenden Aufsatz geschrieben, der im Internet unter „Der Islam in der Entscheidungspraxis der Familiengerichte" zu finden ist (siehe Quellennachweise).

Auch dazu haben wir eine passende Geschichte.

Geschichte Nr. 06 – Ute
Das Erwachen ist bitter

Ich habe meinen Mann im Sommer 2004 auf Djerba (Tunesien) kennengelernt. Ich habe das zunächst als Urlaubsflirt abgetan. Es hat sich dann aber ein intensiver Telefonkontakt entwickelt und weil es etwas ernster wurde, bin ich zwei Monate später nochmals in den Urlaub nach Djerba geflogen. Ich habe direkt bei ihm gewohnt. Von den Reiseführern her wusste ich, dass ich mich dann polizeilich melden muss, er hat das aber als unwichtig abgetan (heute weiß ich, warum). In diesem Urlaub sind wir dann auch zwei Tage zu seinen Eltern gefahren.

Nachdem ich wieder zuhause war, wurde mein Vertrauen in diese Beziehung immer stärker. Wir haben täglich telefoniert und uns oft geschrieben. Er hat damals einen netten, freundlichen, umgänglichen, ehrlichen und offenen Eindruck gemacht. Da es nicht möglich war, ihn mittels Urlaubsvisum einzuladen (er hatte keinen sozialversicherungspflichtigen Job), stand die Frage im Raum, wie es nun weitergeht. Er hat mich gefragt, ob ich ihn heiraten will. Das hat mich zunächst völlig überrascht. Es stand für mich fest, dass ich nur in Deutschland heiraten und hier auch leben werde. Er war einverstanden – mit allem. Ich habe immer noch den Satz im Ohr „mir gefällt, was dir gefällt... ich liebe dich, ich tue alles für dich. Wenn ich dann bei dir bin, suche ich einen Job, damit du nicht alles allein bezahlen musst."

Ich habe ihn mehrere Monate finanziell via Western Union mit monatlich 200 oder wenn es ging, mit 250 Euro unterstützt. Auch zum Kauf seines Rollers habe ich 500 Euro berappt. Ich habe damals eben an das Gute im Menschen bzw. in diesem Menschen geglaubt, wurde aber eines Besseren belehrt – dazu später noch mehr.

Wir haben dann am 21.05.2005 in Deutschland geheiratet. Klar, ich habe die Dokumente bezahlt, ich habe die Feier bezahlt, ich habe seinen Anzug (der musste unbedingt von BOSS sein) und unsere Ringe bezahlt. Ich war Alleinverdiener und habe daher alles finanziert. Das war mir aber auch bewusst, darüber will ich mich ja nicht beschweren. Nur – er sagte z. B. „Ich bin mit dem zufrieden, was ich habe", „Geld ist nicht alles" etc., wollte aber dann das neueste Handy, Markenklamotten, Markenturnschuhe, ins Fitnesscenter, brauchte ständig Geld, um Kaffee trinken zu gehen, Zigaretten zu kaufen und so weiter. Ich habe das anfangs zähneknirschend hingenommen, Diskussionen darüber sind an ihm abgeprallt bzw. er hat plötzlich nichts mehr verstanden/verstehen wollen. Ach, den Ehering hat er nach einer Woche abgelegt, weil der Ring gestört hat. Okay, das sind eben die Startschwierigkeiten, dachte ich. Das erste 3/4 Jahr verlief dennoch ganz passabel. Mir war klar, dass es recht anstrengend werden würde: Sprache/Dialekt, andere Kultur, Wetter, einfach sehr viele fremde und neue Eindrücke. Anfangs war er auch aufgeschlossen, ging in den Deutschkurs (ist ja jetzt sowieso Pflicht), hat mir im Haushalt geholfen, war aufmerksam und nett – ein paar 'Ausrutscher' (s.o.) hat es zwar gegeben. Aber in welcher Ehe gibt es keine Probleme?

Im Februar 2006 hatten wir einen Urlaub, quasi unsere Flitterwochen, in Tunesien gebucht. Hier fiel ich dann zum ersten Mal aus den Wolken. Er wurde direkt auf dem Flughafen in Djerba verhaftet. Ich musste mit den Koffern allein ins Hotel tigern und wusste nicht, wie mir geschah. Als er dann wieder da war, hat er alles schnell abgetan; er hätte eine Strafe nicht bezahlt... lange vor meiner Zeit. Ich habe ihm geglaubt. Wir haben wieder seine Eltern besucht und auf der Rückfahrt ins Hotel hat er mir mitgeteilt, dass wir am kommenden Tag ganz früh los müssen. Er muss einen Anwalt suchen, weil die Gerichtsverhandlung ansteht.
Was blieb mir anderes übrig, als ihm zu helfen. Ich weiß bis heute nicht, was er damals getan hat. Den Anwalt habe natürlich ich bezahlt.
Je höherwertiger sein Aufenthaltstitel wurde, desto mieser wurde er, dessen wurde ich mir aber viel zu spät

bewusst. Er hat immer auf die Tränendrüse gedrückt, von wegen Heimweh, er ist unglücklich hier, er vermisst die Sonne, die Menschen hier gucken ihn so blöd an, er hat hier keine Freunde usw. Ich, gutmütig wie ich bin (er hatte mich ja durch die Briefe und Telefonate abgecheckt), habe ihm ein oder zwei Urlaube pro Jahr in Tunesien finanziert und er hat monatlich für rund einhundert Euro nach Tunesien telefoniert. Zweimal war er bei irgendwelchen Onkels in einem Pariser Vorort. Einmal davon zur Schwarzarbeit – Geld hat er aber nicht mitgebracht. Ich habe auch erst nach der Heirat erfahren, dass da Verwandte in Paris sind. Und von den Verwandten im Ruhrgebiet habe ich auch erst erfahren, als er hier war. Er hatte sich dafür aber neu eingekleidet. Ich habe ein kleines Souvenir bekommen. Er hat immer wieder gesagt, dass er geht. Ich denke heute, das sagte er nur, um mich unter Druck zu setzen und mir ein schlechtes Gewissen zu machen. Das hat er dann regelmäßig eiskalt eingesetzt, um Geld zu fordern (z. B. Geld für die Fahrkarte, Geld für die Medikamente seiner Mutter, Geld für die Augen-OP seiner Vaters...). Obwohl er mittlerweile einen Vollzeitjob bei einer Zeitarbeitsfirma hatte (okay, der Verdienst ist schlecht, aber mein Noch-Ehemann hat weder Schulabschluss noch Berufsausbildung) und ich ihm monatlich zweihundert Euro auf ein Sparkonto überwiesen habe. Ich muss, glaube ich, nicht erwähnen, dass ich weiterhin alle Lebenshaltungskosten allein getragen habe. Um es vorweg zu nehmen: er hat während der ganzen Ehe nie etwas zum Lebensunterhalt (Miete, Wasser, Strom, Telefon, Lebensmittel ...) beigetragen. Er hat es zwar immer wieder versprochen – aber nie gehalten. Er hat mir sogar immer wieder Geld aus meinem Geldbeutel genommen. Er sagt, geliehen. Ich sage, geklaut. Denn: Ohne zu fragen Geld von jemandem (auch wenn es die Frau ist) zu nehmen und nicht zurückzugeben, definiere ich als Diebstahl. Später kam der Spruch von ihm „Ich dachte, was dir gehört, gehört auch mir".

Im Sommer 2006 wurde er dann wegen Besitzes von Haschisch von der Polizei erwischt. Das Verfahren wurde aber (leider) wegen der geringen Menge eingestellt. Er hat aber weiterhin in der Küche gekifft. Ich habe auch öfters beim Wäsche aufräumen so Haschischriegel zwischen seinen Klamotten gefunden. Es folgten viele Streitereien. Ich hatte immer wieder Geduld. Immer wieder hat er mir versprochen, nicht mehr zu kiffen. Immer wieder wurde mein Vertrauen missbraucht. Erst als ich nach vielen, vielen Wochen mit der Polizei gedroht habe, hat er das Kiffen zuhause aufgehört. Ich denke, er hat dann draußen irgendwo gekifft.

Ich dachte dann, dass wir die schlimmsten Schwierigkeiten bewältigt hätten, als er nach einem Heimaturlaub erzählte, er wolle zwei Zimmer an sein väterliches Haus anbauen, damit wir dort im Urlaub übernachten können und nicht bei den Schwestern wohnen müssen. Er meinte, dass 5000 Euro reichen würden. Ich war aber seit 2006 (s.o.) nicht mehr im Urlaub, weil das finanziell nicht ging. Nichtsdestotrotz hatte ich wieder etwas Hoffnung. Er hat immer wieder versucht, mir die Schuld für unsere Schwierigkeiten in die Schuhe zu schieben. Darüber mit ihm zu diskutieren war sinnlos. Er wurde dann oft sehr verletzend. Ich musste dann meistens weinen. Er lies mich danach einfach sitzen. Ich habe mir oft gedacht, dass die Unterschiede wohl doch zu groß sind. Und ich habe befürchtet, dass die Leute, die mich vor dieser Heirat gewarnt haben, doch Recht behalten könnten. Das war ein unglaublich schlechtes Gefühl, das ich lange nicht wahrhaben wollte.

Im März 2007 habe ich mir meine Augen in Istanbul lasern lassen. Er wollte unbedingt mit und hat den fürsorglichen Ehemann gespielt. Dort hat er sich aber so gut wie nicht um mich gekümmert. Er hat sich dort sehr um eine mitreisende Frau italienischer Abstammung in seinem Alter gekümmert, weil die doch allein hier war. Dass ich aber allein war, weil er sich mehr mit ihr als mit mir abgegeben hat, war ihm egal. Nach der Rückkehr wollte ich, dass er auszieht. Meine Mutter hat mir daraufhin das erste Mal erzählt, dass mein Noch-Ehemann sie belästigt, wenn ich noch in der Arbeit bin und mein Vater auch nicht da ist. Ich konnte das nicht glauben, habe ihn aber zur Rede gestellt. Er hat alles recht plausibel bestritten. Er hat es geschafft und mich überredet, es nochmals zu versuchen. Es war ein stetes Auf und Ab der Gefühle.

Mittlerweile war ich so abgestumpft, dass ich so ziemlich alles ertragen habe. An seine respektlose Art hatte ich mich gewöhnt, auch dass er ein Singleleben lebt und mich nur benutzt, wenn er mich braucht. Mir war klar, dass unsere Ehe kaputt ist. Ich hatte aber noch nicht den Mut (vielleicht war ich auch zu faul) gehabt, mich scheiden zu lassen. Es verging ein Monat nach dem anderen. Er war fast immer weg und kam nur zum Duschen und Schlafen nach Hause. Er war nur immer kurz zuhause, hat rumgestänkert, Dreck gemacht, die Küche verqualmt und hat sich dann wieder anderswo vergnügt. Er hatte in dieser Zeit einen Landsmann in der Nachbarstadt kennengelernt und war dann sehr oft mit dem unterwegs. Das hat sich dann so gesteigert, dass er täglich nach der Arbeit und am Wochenende, nachdem er gegen Mittag aufgestanden war, sich mit dem Kumpel getroffen hat. Ich war für ihn das praktische Hotel. Ich habe das ertragen, denn so hatte ich wenigstens meine Ruhe. Okay, es gehören immer zwei dazu. Ich dachte anfangs, dass wir eben wieder eine Krise haben. Und ich bin nicht der Typ Mensch, der bei Schwierigkeiten gleich die Scheidung einreicht. Wir haben uns dann mal ausgesprochen und er meinte, dass unsere Ehe keinen Sinn mehr habe. Das sah ich genauso. Wir wollten Freunde bleiben. Mittlerweile hatte ich ihm auch knapp 20.000 Euro geliehen, denn er hat nicht zwei Zimmer, sondern ein ganzes Haus für seine

Eltern und Brüder gebaut. Von mir war plötzlich keine Rede mehr. Er hat mir hoch und heilig versprochen, mir diesen privaten Kredit in Raten abzubezahlen, sobald er einen festen Job (also nicht mehr Leiharbeit) habe. Ich habe ihm mit mulmigem Bauchgefühl vertraut. Mir blieb ja auch nichts anderes übrig.

Im Februar 2008 habe ich erfahren, dass ich bereits in der 15. Woche schwanger bin (und das mit 43!). Ich habe mir zwar immer ein Kind/Kinder gewünscht, diesen Wunsch aber schon seit vielen Jahren abgehakt. Und es ging mir gut damit. Ich war zuerst total geschockt, weil ich zuerst evtl. Beschwerden in den Wechseljahren vermutet hatte – aber nie eine Schwangerschaft. Für mich war klar, dass ich dieses Kind bekomme. Auch wenn ich nicht weiß, wie mein Leben weitergeht. Mein Noch-Ehemann meinte nur, als ich ihm den positiven Test gezeigt habe: „Mach es doch weg, wenn du es nicht willst". Das war für mich ein weiterer Schlag ins Gesicht. Er hat sich dann, nachdem er wusste, dass es ein gesunder Junge wird, auch gefreut. Ich glaube, er hat sich nur gefreut über seinen Sohn als seinen Besitz. Um mich gekümmert hat er sich aber trotzdem nicht. Ich habe hochschwanger die Küche renoviert, war Getränke einkaufen, habe Wäschekörbe geschleppt. Er war kurz vor der Geburt noch drei Wochen in Tunesien – eigentlich wollte er über den Geburtstermin weggehen, hat sich dann aber anders entschieden, keine Ahnung, warum.

Unser Sohn kam am 01.08.2008 per Notkaiserschnitt zur Welt. Auch nach der Geburt hat mich mein Noch-Ehemann nicht unterstützt. Ich bin froh, dass mir meine Mutter/Eltern so zu Seite standen und stehen.

Das Baby hatte die 3-Monats-Koliken. Diese Situation war nervenzehrend genug für mich. Mein Mann hat dann aber in dieser Zeit seinen Cousin samt Freundin und 2-jähriger Tochter zum Übernachten eingeladen. Ich wurde nicht gefragt. Nun musste ich also eine Übernachtungsmöglichkeit in meiner Wohnung bereit stellen, alles putzen und hatte mein Schreikind. Mein Noch-Ehemann hat das nicht gekümmert. Er hat zwar für den Besuch gekocht, ich konnte aber leider nicht mitessen, weil ich während der Stillzeit keine Hülsenfrüchte essen durfte, vor allem deshalb, weil der Bub eh schon Koliken hatte. An diesem Wochenende war für mich der Entschluss klar, dass ich mich scheiden lasse. Ich wollte nur noch warten, bis es dem Bub und mir besser geht und ich genügend Kraft habe.

Ich war immer noch im Glauben, dass ich es im Guten schaffe. Mittlerweile hat sich der private Kredit auf rund 23.000 Euro summiert. Und dieses Geld wollte ich eigentlich zurückhaben. Ich wollte es dafür verwenden, den Dachboden auszubauen, damit unser Sohn später ein eigenes Zimmer hat. Das wusste mein Noch-Ehemann. Seine Äußerung, dass er kein Arschloch sei und ich das Geld bekomme, hat mich glauben lassen, dass er (weil es für seinen Sohn ist) bezüglich des Kredites fair ist.

Ende Januar 2009 habe ich ihn dann gebeten, die Wohnung zu verlassen, weil er mich wieder bestohlen hatte. Ich habe ihm eine 4-wöchige Frist für den Auszug gesetzt. Er hat das auch hingenommen. Mit der Zeit habe ich aber daran gezweifelt und hatte Angst, dass er die Situation „aussitzt" und nicht geht, weil er keine Wohnung findet. Ich bin heute überzeugt, dass es auch so gekommen wäre.

Während der Trennungsphase im Februar 2009 hat er dann verlangt, dass ich im Mai mit ihm und unserem Sohn zusammen nach Tunesien in den Urlaub fahre. Ich hatte zuerst unter der Bedingung eingewilligt, dass ich nicht mit ihm in ein Zimmer gehe, nur in ein Hotel und nur wenn mich und unseren Kleinen ein Dritter begleitet. Er hat dann Druck ausgeübt. Ich fühlte mich immer unwohler und bedrohter. Habe mich dann auch im Internet und per Mail bei der Deutschen Botschaft in Tunis informiert. Die Antworten hatten meine schlimmsten Befürchtungen bestätigt.

Als er feststellte, dass aus dem Urlaub, ich denke heute, dass dies der Kindesentzug werden sollte, nichts wird, hat er mir mehrmals mit Mord (u. a. damit, dass er dann keine Ehre mehr hätte) gedroht. Auch hat er mir damit gedroht, das Kind wegzunehmen – egal ob hier oder in Tunesien. Ich habe meine Eltern gebeten, meinen Sohn und mich nicht allein in der Wohnung zu lassen, solange mein Noch-Ehemann da ist. Wir hatten alle Angst. Ich habe während dieser Zeit aus Angst auch im verschlossenen Schlafzimmer geschlafen. Die Situation eskalierte dann am Sonntag, den 22.02.2009. Mein Noch-Ehemann hat mir dann während einer verbalen Auseinandersetzung eine heftige Ohrfeige verpasst – das Kind hatte ich dabei auf dem Arm. Dann endlich hat bei mir der Kampfgeist eingesetzt.

Ich habe noch am gleichen Tag Anzeige wegen Körperverletzung (häusliche Gewalt) erstattet.

Mein Mann erhielt daraufhin einen Platzverweis. Eine Woche später erging dann die einstweilige Verfügung, dass er die Wohnung nicht mehr betreten darf.

Meine Mutter hat ihn wegen Diebstahl, exhibitionistischer Handlungen (wir hatten sogar die Spurensicherung im Haus, weil noch Flecken auf dem Teppich in der elterlichen Wohnung sichtbar gemacht werden konnten) und Beleidigung angezeigt. Das Ganze hat meine Mutter sehr viel Mut und Kraft gekostet, weil sie das bis dato vor meinem Vater verheimlicht hatte, ihr das alles unendlich peinlich war und sie elendig gelitten hat. Ich konnte sie nur deshalb zu dieser Anzeige bewegen, weil ich klarmachen konnte, dass ich sonst keine Chance bezüglich des Sorge-/Umgangsrechts für meinen Sohn haben werde. Meine Mutter wurde durch die Belästigungen depressiv und ist deshalb seit zwei Jahren in psychologischer Behandlung.

Im Nachhinein hat sich herausgestellt, dass er auch die Nachbarin belästigt hat.

Die mobile Friseurin kam auch nur ins Haus, wenn

meine Eltern da waren – auch sie hatte immer ein komisches Gefühl in der Magengegend. Auch die Frau eines tunesischen Bekannten hat er mal blöd angemacht, sodass sie die Konsequenz gezogen hat, ihn nicht mehr in die Wohnung zu lassen, wenn sie allein ist.

Der tunesische Ehemann dieser Frau hat gegen ihn ausgesagt und bestätigt, dass er regelmäßig Haschisch gekauft hat. Die Dealer sind immer nach Absprachen ins Café gekommen, indem er und manchmal eben auch der Bekannte saß.

Ich lasse auch gerade durch einen tunesischen Anwalt ermitteln, welche Straftaten in Tunesien vorliegen. Ich weiß bisher nur so viel, dass es seit 2004 drei Straftaten waren, wobei zwei eingestellt wurden und bei einer der Staatsanwalt in Revision ging.

Ich habe überall Hilfe gesucht, wo ich nur konnte. Zuerst bei Eltern, Freunden und Verwandten, dann bei der Deutschen Botschaft in Tunis, bei Konsulate.de, bei der Polizei, beim Jugendamt, beim Weißen Ring, bei der Ausländerbehörde, auf www.1001geschichten.de, bei der deutsch-tunesischen Gesellschaft. Unisono sagten alle: Pass auf dich und dein Kind auf. Lass das Kind nie mit ihm allein.

Das ist aber leichter gesagt als getan. Ich habe so eine Angst, dass er mit einem blauen Auge davon kommt. Ich hatte bereits eine Verhandlung bzgl. des Umgangsrechts, das er eingeklagt hat. Ich habe jetzt erst einmal die kommenden drei Monate betreuten Umgang. Und danach? Der gegnerische Anwalt hat meine Bedenken und Ängste ins Lächerliche gezogen. Auch die Morddrohungen seien ja nur dem überschäumenden Temperament zuzuschreiben (und offenbar somit nicht ernst zu nehmen). Ich hätte die glatten Wände hochgehen können. Selbst der tunesische Anwalt ist meiner Ansicht. Das Verfahren wegen meiner Mutter wurde noch nicht verhandelt. Ich habe die Hoffnung, dass mir das etwas helfen könnte.

Manchmal packen mich aber Zweifel, denn die Familiengerichte sind der Meinung: **lieber einen kriminellen Vater als gar keinen.** Und die sind auch offenbar der Meinung, dass man es auf den Kindesentzug ankommen lassen muss. Nur – wer hilft mir dann?

Irgendwann kann ich das dann auch nicht mehr bezahlen ...

*

Entführte Kinder

Bevor ich auf dieses heikle Thema näher eingehe, möchte ich drei Geschichten präsentieren, die unsere Aufmerksamkeit verdienen.

Kinder, die aus einer gescheiterten Bezness-Ehe heraus entführt werden, sind am Ende die Leidtragenden. Oft müssen entführte und zurückgeholte Kinder noch jahrelang therapeutisch betreut werden. Die Belastung für die ganze Familie ist enorm.

Wie z. B. hier in dieser Geschichte:

Wahre Geschichte Nr. 07 – Michaela
Die ewige Angst um meine Kinder

Es war im Frühjahr 2000 als ich völlig ausgebrannt auf der Insel Djerba gelandet bin. Zwei Jahre kein Urlaub und aus einer unglücklichen Beziehung ausgebrochen, brauchte ich unbedingt eine Auszeit.

Meinen Jahresurlaub hatte ich mit meiner Schwester für September geplant, mit der ich nach Griechenland fliegen wollte. Aber September war noch so lang hin. Also buchte ich eine Woche Tunesien. Einfach faul am Strand liegen und nichts tun. Auf dem Weg vom

Flughafen zum Hotel hatte ich eine nette Frau kennengelernt, die mit mir im gleichen Hotel wohnte. Wir haben
beschlossen, die Woche gemeinsam zu genießen.

Am zweiten Abend sind wir in der Hotelanlage in eine
Pianobar gegangen, um noch einen kleinen Absacker zu
trinken. Es war nicht gerade viel los. Wir suchten uns ei-
nen Tisch aus und bestellten. Uns gegenüber saßen zwei
Männer, einer winkte uns zu und bat uns, an ihrem Tisch
Platz zu nehmen. Ich dachte, besser als hier gelangweilt
herumzusitzen.
Meine Bekannte unterhielt sich ganz angeregt mit den
beiden und ich hörte nur neugierig zu, ohne irgendeinen
Kommentar abzugeben. Ich musste immer nur lachen,
wenn der eine der beiden Männer lachte. Wirklich, wenn
der lachte, dann sah er aus wie der tunesische „Ingolf
Lück".
Er sah wirklich nicht sehr tunesisch aus, sprach perfekt
Deutsch und war überhaupt nicht aufdringlich. Wir verabredeten uns für den nächsten Tag am Strand. Es war
eigentlich ganz angenehm, wir redeten viel über Gott
und die Welt und er hielt mir schön die übrigen Einheimischen vom Leib.
Abends trafen wir uns alle in der Disko, es war ein
schöner Abend – bis ich ihn dann einfach küsste. Er war
sehr überrascht, aber mir war einfach danach.
Er beschrieb mir den Weg zu seiner Arbeit auf einer Ser-
viette und fragte, ob ich ihn morgen nicht mal besuchen

komme. Er jobbte in einer Pizzeria, weil er seinen Job am Flughafen verloren hatte.

Na ja, wir verbrachten den ganzen Urlaub zusammen. Er kannte alle auf der Insel und alle kannten ihn. Darunter auch ein älteres deutsches Pärchen, das die meiste Zeit im Jahr auf Djerba verbrachte. Sie hatten sich dort eine Wohnung gemietet. Er stellte mich ihnen vor, ich habe auch schnell all seine Freunde kennengelernt und bei seinen Eltern wurde ich auch eingeladen. Sein Vater ist Direktor an einer großen Schule gewesen.

Ja, der Urlaub war schön und als ich nach Hause flog da waren sie da, die Gedanken. Soll ich ihn noch mal wieder sehen? Ich wusste es nicht.

Wir hatten Telefonnummern und Adressen ausgetauscht. In Deutschland angekommen folgten viele Telefonate, Briefe und Postkarten.

Bis er dann sagte, das er im Juni unbedingt nach Deutschland kommen möchte, um an meinem Geburtstag bei mir zu sein.

Ich habe lange darüber nachgedacht und sagte o.k., für zwei Wochen kannst du zu mir kommen. Ich schickte ihm die Einladung und einen Tag vor meinem Geburtstag stand er am Düsseldorfer Flughafen.

Ich habe die Zeit mit ihm genossen. Er hat meine Familie kennengelernt und ich habe mich immer mehr in ihn verliebt. Nach zwei Wochen äußerte er den Wunsch, dass er noch länger bleiben möchte, also wurden aus den vierzehn Tagen drei Monate.

Er hat alles für mich getan. Geputzt, gekocht, mich täglich von der Arbeit abgeholt. Ich wurde regelrecht verwöhnt. Ich habe ihm dann einen Job besorgt, damit er in den drei Monaten nicht auf meine Kosten lebt.

Er hat mir sogar von seinem ersten Lohn einen neuen Fernseher gekauft. Und er las mir jeden Wunsch von den Augen ab. Er hat es wirklich geschickt gemacht und irgendwann fragte er mich, ob ich ihn heirate.

Mensch, ich dachte, den kannst du doch nicht gehen lassen, so einen tollen Mann, wann bekommt man so ein Exemplar noch mal wieder? Aber sofort heiraten? Wir sollten uns noch ein bisschen näher kennen lernen, aber wie? Zweimal im Jahr für zwei Wochen runterfliegen, viel bringt das auch nicht.

Ich ließ den Griechenlandurlaub platzen und heiratete ihn, noch bevor er zurück musste. Meine deutsche Urlaubsbekannte und das deutsche Pärchen waren auch auf meiner Hochzeit anwesend. Drei Tage nach der Hochzeit sind wir nach Tunesien geflogen, meine Bekannte war auch wieder mit dabei. Ich verbrachte die zwei Wochen mit ihr im Hotel. Mein Mann wohnte zuhause bei seinen Eltern. Um uns zu treffen, hatten wir die Schlüssel von der Wohnung, die von den Deutschen angemietet war.

Als wir bei der Botschaft alle Angelegenheiten erledigt hatten und ich wieder nach Hause musste, hatte ich alle Hebel in Bewegung gesetzt, damit mein Mann so schnell wie möglich sein Ausreisevisum bekam. Vier Wochen später war er in Deutschland. Ich war überglücklich. Ich konnte ihm schnell einen Job am Kölner Flughafen besorgen, wo er aber nach der Probezeit schon wieder rausflog. Ich habe mit Engelszungen geredet, bis die Chefin der Firma in Köln mit der gleichen Firma in Düsseldorf telefonierte und er noch mal eine Chance am dortigen Flughafen bekam. Mensch, sah der toll aus in seiner Uniform! Von da an hat er am „Check in" gearbeitet und hat bis zu 200 Stunden im Monat geschuftet. Ich war rundum zufrieden und wir planten unser erstes Kind.

Drei Monate nach der Geburt unseres ersten Kindes habe ich erfahren, dass er eine andere hat. Sie hat ihm um Mitternacht eine Geburtstags-SMS geschickt. Ich bin in ein tiefes Loch gefallen, er hat alles abgestritten und ich hatte keine konkreten Beweise, nur diese eine SMS.
Er hat mich betrogen als ich hochschwanger war, jetzt weiß ich auch, warum ich immer vor dem Flughafen warten sollte, wenn ich ihn abgeholt habe. Wenn er mal zur Firma musste, hat er immer von mir verlangt, dass ich im Auto sitzen bleibe.

Als mein Sohn geboren wurde, wollte er das Kind seinen Arbeitskollegen zeigen. Ich sollte wieder im Auto sitzen bleiben, was ich aber diesmal nicht machte. Oben im Büro angekommen, haben sie uns alle beglückwünscht. Und da war sie dann, sie hat mich von oben bis unten gemustert. Ich hatte so ein ungutes Gefühl, das konnte nur sie sein.

Damals hatte ich die ersten Trennungsgedanken und habe auch seine Familie darüber informiert, dass er fremdgeht. Sie hielten natürlich alle zu ihm und konnten kaum glauben, was sie da gehört haben. Wir sollten runterfliegen, damit sie ihr Enkelkind sehen.

Vor dem Urlaub haben wir uns versöhnt und es schien alles wieder in Ordnung zu sein. Als ich wieder zuhause war, kam der nächste Schock. Ich war schwanger.

Fünf Monate nach der Geburt meines zweiten Kindes verlor er seinen Arbeitsplatz. Von da an wurde es immer schlimmer.

Er fing an, den Gebetsteppich rauszuholen, unterdrückte mich immer mehr und als er dann die Badezimmertür vor den Kindern eingetreten hatte, war es für mich zu viel und ich reichte die Scheidung ein.

Daraufhin hat er mir das erste Mal meine Kinder entführt. Ich dachte, sie machen nach dem Frühstück einen Ausflug. Ich hatte mich noch mal hingelegt, denn damals litt ich unter „Burn Out". Meine Schwester war früh an Krebs gestorben und ich habe ihr am Sterbebett versprochen, mich um ihre vier Kinder zu kümmern. Das tat ich dann auch, immer mein Kleinstes im Schlepptau, das zweite im Bauch. Irgendwann konnte ich nicht mehr. Ich habe mich damals in Therapie begeben und meine Therapeutin hat mir dazu geraten, nach Tunesien zu fliegen, um meinen Mann zur Rückkehr zu bewegen.

Ich bin dann auch geflogen, musste aber vorher Scheidung und Anzeige zurückziehen, damit er mit den Kindern zurückkommt. Er ist dann mit mir und den Kindern zurückgeflogen.

Elf Monate hat er den tollsten Ehemann gespielt, ich habe ihm aber gesagt, dass ich nie wieder mit den Kindern runter fliege und gab Ausweise und Urkunden meiner Mutter. Er hat mir so viel Honig um den Mund geschmiert, dass ich ihm wieder vertraute. Und wir sind wieder mit den Kindern nach Tunesien geflogen. Es war so schrecklich. Drei Wochen Hölle, er fragte andauernd, ob ich mir nicht vorstellen könnte hier zu leben. Ich wollte nicht!
Irgendwann hat er Streit provoziert und ich bin voll darauf eingestiegen. Nun hatte er einen Grund, um so zu handeln. Er hat immer wieder gefragt, ob er mit den Kindern noch länger bleiben könnte, ich wollte es aber nicht. Ich wollte ohne meine Kinder nicht fliegen!
Sie nahmen mir dann am Abflugtag die Pässe und die Tickets von den Kindern weg und ich musste allein nach

Deutschland fliegen. Das war der schrecklichste Tag
meines Lebens.

Wie ich meine Kinder wieder bekommen habe

Ich habe ja viel über Kindesentzug im Ausland gelesen.
Das Einzige was ich tun konnte war, immer im telefonischen Kontakt mit den Kindern zu bleiben. Das tat
ich auch (jeden Monat 300 Euro Telefonkosten) Es ist
schwer, alles in der richtigen Reihenfolge zu erzählen,
aber ich denke, ich bekomme das noch hin. Ich habe
immer mit meinem Mann telefoniert, er hat mich beschimpft und erniedrigt, aber ich habe ihm immer wieder (in der Hoffnung, dass er mit den Kindern zurückkommt) gesagt, wie sehr ich ihn doch liebe. Es war sehr
hart für mich, denn er hat es geschafft, mich trotz einer
Entfernung von 2000 Kilometern psychisch fertig zu
machen!
Aber ich habe immer wieder die Familie angerufen,
jeden Tag. Mein Mann hat dann irgendwann angerufen,
dass er nach Deutschland kommt. Am Ankunftstag saß
ich am Flughafen und wartete auf die Maschine aus
Djerba. Ich weiß noch, wie ich die zwei kleinen Kinder-
jacken dabei hatte und sie festhielt. Tja, mein Mann und
die Kinder waren nicht da. Ich war am Boden zerstört.
Als ich zuhause ankam, bekam ich einen Anruf von meinem Mann, er sei über Frankfurt geflogen und sei jetzt in

Aachen, ob er denn zu mir kommen könnte. Ich fragte, ob er die Kinder dabei habe, was er verneinte. Ich konnte mich nicht beherrschen, schrie in den Hörer, dass ich zur Polizei gehe! Und ich ging zur Polizei. Mein Mann wollte schon nach Frankreich flüchten. Die Polizei konnte keinen Haftbefehl ausstellen, bei den Grenzbehörden und am Flughafen hatte ich auch keine Chance, da ich kein Aufenthaltsbestimmungsrecht für die Kinder hatte.

Also rief ich meinen Mann an und sagte ihm, dass ich keine Anzeige erstattet habe, er könnte ruhig kommen. Mann, hatte der Schiss! Also verabredeten wir uns am nächsten Tag am Düsseldorfer Flughafen. Nach dem Treffen fuhren wir in unsere gemeinsame Wohnung. Er sagte, er wolle erst mal mit mir eine Weile allein leben, um unsere Ehe wieder hinzubekommen usw. Es war alles gelogen, stellt euch vor, der hatte über 2.000 Euro von seiner Familie in der Tasche, hat hier Mobiltelefone und Computer gekauft und wollte sie gewinnbringend auf Djerba verkaufen, damit er da unten die Kinder ernähren konnte. Nach drei Tagen habe ich im Internet einen Flug für ihn gebucht und ihn rausgeschmissen!

Ende November kam Post von der Stadt. Jemand hat ihn verpfiffen, dass er nach dem Urlaub nicht zurück nach Deutschland kam. Die Leistungen liefen trotzdem weiter. Ich rief ihn an und sagte ihm, dass das Arbeitsamt seinen Pass sehen will. Also stieg er sofort wieder in den Flieger und flog erneut nach Deutschland.

Ich habe ihn immer noch nicht angezeigt, habe gehofft, dass er mit den Kindern zurückkommt.

Das Arbeitsamt wollte auch Pässe von den Kindern sehen, ich sagte ihm: „Fliege nach Hause und komm mit den Kindern wieder." Er hat es mir versprochen, er ging sogar zum Kindergarten und hat gesagt, dass er Weihnachten mit den Kindern wiederkommt. Er ist noch mit mir einkaufen gegangen. Ich habe für die Kinder warme Schlafanzüge gekauft und er sagte immer, ach, die brauchen das nicht!

Ich antwortete: „Hey, wenn die zurückkommen, brauchen sie etwas Warmes, hier ist es doch total kalt!„
Er hat wieder nur Elektrozeug gekauft. Als er wieder nach Tunesien flog, hatte ich so ein ungutes Gefühl, als ich die Schlafanzüge von den Kindern auf die Wäscheleine hing. Also rief ich ihn an und sagte: „Du kommst nicht mehr zurück". Ich hatte Recht. Ich habe das ganze Spielzeug und die Kleidung der Kinder nach Djerba geschickt. Ich dachte, ich sehe sie nie wieder.

Als die Pakete ankamen, hat er mich angerufen, ich sollte keine Pakete mehr schicken, ich sollte lieber das Geld, das ich dafür ausgebe nach Tunesien schicken und das Kindergeld sollte ich auch gleich überweisen. Ich sagte, dass ich ihn und die Kinder in Deutschland abgemeldet habe, das Kindergeld auch, da es mir ja nicht mehr zusteht. Ich sagte ihm auch, dass sein Visum im Juni ausläuft, wenn er innerhalb von sechs Monaten nicht einreist. Dann könnte er nur noch durch ein Familienrückführungsvisum zurückkommen, was ich unterschreiben müsste. Das hätte ich natürlich nicht getan, bevor meine Kinder nicht hier wären.

Ich musste mir eine neue Strategie ausdenken. Im Januar habe ich ihm dann eine SMS geschickt, dass ich von ihm schwanger sei und dass er jetzt ein Kind bekommt, was er niemals sehen wird. Er fragte doch glatt, ob ich es behalten wolle und ich sagte: „Wieso willst du das auch noch haben„?

Ich sagte ihm ganz im Ernst, „Ich fange jetzt ein neues Leben an und du sieh doch zu, wie du die Kinder groß bekommst„! Ich musste so handeln! Es war meine einzige Chance!

Wir waren immer im telefonischen Kontakt bis Ende Januar, dann ging nur noch die Mailbox an. Ich wusste, irgendetwas stimmt nicht. Ich rief bei der Familie in Tunesien an, die sagten mir immer, er sei arbeiten. Ich habe es jeden Tag versucht immer das Gleiche, egal um welche Uhrzeit.

Ich sagte zu meiner Arbeitskollegin, da stimmt was nicht, der ist nicht mehr auf Djerba.

Nächster Trick – Ich rief die Familie an und sagte, dass ich nach Djerba komme, das war natürlich gelogen. Die waren ganz aufgeregt wie, wann, weshalb? Ich wusste, dass sie meinen Mann informieren, egal, wo er ist.

Eines Tages komme ich nach Hause und ich hatte eine Nummer auf meinem Display – die Vorwahl von Frankreich.

Irgendwann hat mein Mann mich erreicht und sagte mir, dass er in Frankreich ist. „Ach", sagte ich, „das glaub' ich dir nicht", ich musste mich ein wenig „dumm" stellen. Er hat versucht, in Frankreich zu arbeiten, brauchte ja Geld für seine Kinder. Hat aber nicht so geklappt, wie er sich es vorgestellt hatte. Er dachte sich, ich rufe mal meine Frau an, vielleicht nimmt sie mich ja wieder zurück! Ich sagte, „Ja Schatzi, ich lieb dich doch so sehr, wir schaffen das schon."

Ich ging zur Polizei und erstattete eine Anzeige, das war am Donnerstag. Ich ging zur Anwältin und zum Gericht und habe mir das Aufenthaltsbestimmungsrecht besorgt, damit ging ich sofort zum Staatsanwalt, stellte einen Eilantrag, das war Freitag.

Montag kam der Anruf aus Frankreich: „Schatzi, ich komm am Valentinstag, kannst du schon mal die Wohnung schön herrichten, freue mich schon auf dich!,, Ich habe sofort die Kripo angerufen. „Mein Mann ist im Anflug!" Den ganzen Tag hat die Kripo mich angerufen und gefragt, wann es losgeht!

Mein Mann meldete sich von unterwegs und verabredete sich mit mir um 16 Uhr am Bahnhof. Ich habe wieder die Kripo angerufen. Die sind dann in zivil parallel mit mir zum Bahnhof gekommen! Ich kam mir vor wie im Film. Mein Mann wurde von den Kripobeamten festgenommen. Am nächsten Tag rief mich die Kripo an, es wurde Haftbefehl erlassen.

Ich habe meinem Mann immer wieder erzählt, dass ich ihn liebe und dass ich so handeln musste. Ich musste das Spiel solange spielen, bis ich die Kinder in Deutschland hatte. Ich brauchte ja auch die Ausreisegenehmigung von ihm. Er dachte immer noch, dass ich schwanger sei. Es hat ein bisschen länger gedauert, bis ich die Ausreisegenehmigung von ihm hatte, er wollte sie mir nicht freiwillig geben. Ich wusste aber, dass sein Anwalt auch eine hatte und habe bei der Staatsanwaltschaft noch mal Druck gemacht. Sein Anwalt sollte mir den Wisch jetzt geben, auch wenn das Papier noch nicht übersetzt worden war.

Die Staatsanwaltschaft hat sich dann mit seinem Anwalt kurzgeschlossen und ich konnte nach Essen fahren, um die langersehnte Ausreisegenehmigung für meine Kinder abzuholen.

Damit musste ich noch zur JVA, mir eine Haftbescheinigung holen und danach zur tunesischen Botschaft, um alles beglaubigen zu lassen. Als ich alle Papiere zusammen hatte, habe ich mir die Tickets besorgt und bin nach Djerba geflogen.

Ich hatte mit der Familie ausgemacht, dass sie mir die Kinder zum Flughafen bringen sollen, was sie dann auch taten.

Ich musste mich noch vier Tage mit den Kindern in einem Hotel auf Djerba aufhalten, da ich am gleichen Tag keine Rückflüge mehr bekommen habe.

Nach sieben Monaten habe ich es geschafft, meine Kinder wieder nach Hause zu holen, aber das ist eine andere Geschichte. Mein Mann ist hier in Deutschland verurteilt worden. Wir sind mittlerweile geschieden und er lebt immer noch in unserer Stadt. Trotz aller Präventivmaßnahmen, die ich getroffen habe, die Angst vor Kindesentführung bleibt.

*

Anhand dieser Geschichte haben wir mit der Betroffenen einmal ausgerechnet, was so ein Fall dem Deutschen Staat und somit uns Steuerzahlern kostet. Nachzulesen im Kapitel „Was Bezness dem Deutschen Staat kostet.„ Aber hier die nächste Entführungs-Geschichte:

Wahre Geschichte Nr. 08 – Melanie
Ich habe meine Kinder zurück

Ich lernte meinen Mann (ich nenne ihn hier R.) im August 2002 während eines einwöchigen Urlaubs in Tunesien kennen. Ich war 20 Jahre alt und zusammen mit meiner Mutter in das Mittelmeerland gekommen. Kurz zuvor hatte meine Mutter ihren Sohn und ich meinen Bruder durch ein Unglück verloren. Wir wollten etwas Abstand gewinnen und uns in der Trauer nah sein. Gleich am ersten Abend trat mir jemand auf den Fuß, der daraufhin schmerzhaft anschwoll. Also saß ich in der Hotellobby und kühlte meinen Fuß mit einem Eisbeutel. Ein gut aussehender Mann trat zu mir und meiner Mutter an den Tisch und erkundigte sich, ob wir einen Arabischkurs gebucht hätten. Während des Gesprächs fiel sein Blick auf meinen Fuß. Spontan bot er sich an, ihn zu massieren. So lernten wir uns kennen.

Es war wohl Liebe auf den ersten Blick. R. erzählte mir, er sei der Chefanimateur dieses Hotels, 33 Jahre alt und stamme aus Tunis. Nach der abendlichen Vorstellung verabredeten wir uns zu einem Spaziergang im Mondschein. Danach folgte ich ihm in seine Wohnung, die er sich mit zwei anderen Hotelangestellten teilte. Wir verbrachten diese und die folgenden Nächte zusammen. Ich schwebte auf „Wolke sieben".

Als wir wieder nach Deutschland zurückkehren mussten – ein Woche kann sehr kurz sein – fiel mir der Abschied sehr schwer. R. fragte meine Mutter, nicht mich, ob er mich wiedersehen werde. Zu seiner Freude sagte sie „ja".

Wir telefonierten jeden Abend miteinander, bestätigten uns gegenseitig, wie sehr uns der jeweils andere fehle. Nach einer Woche hielt ich es nicht mehr aus und ich flog, dieses Mal allein, wieder nach Tunesien. Wie im Rausch erlebte ich vier Tage an der Seite meines Geliebten. Wir sprachen erstmals über eine gemeinsame Zukunft in seinem Land. Ich solle zu ihm kommen, er würde weiter als Animateur arbeiten, er würde mir ein

Praktikum als Reiseleiterin vermitteln. Ich hatte nichts zu verlieren und willigte ein.

Während der nächsten beiden Jahre lebten wir also in Tunesien. Da R. nahezu mittellos war, brauchten wir zunächst meine Ersparnisse auf; später fanden wir beide Arbeit, von der wir recht gut leben konnten. Die Nachricht, dass meine Mutter schwanger war, bekräftigte meinen Willen, nach Deutschland zurückzukehren. Kurze Zeit später wurde ich selbst schwanger. Weil ich unbedingt wollte, dass mein Kind in Deutschland zur Welt kam, brachen wir gegen seinen Willen unsere Zelte in Tunesien ab und zogen zurück in meine Heimat.

Damals hätte ich besser zuhören müssen: R. sagte mir unumwunden, er würde höchstens fünf Jahre in Deutschland bleiben und dann wieder in seine Heimat zurückkehren.

Zunächst jedoch war unser gemeinsames Leben in Ordnung. Unser Sohn kam 2004 gesund zur Welt, wir fanden eine Wohnung, R. ein paar Monate später Arbeit. R. lebte sich recht gut in seiner neuen Umgebung ein, zumindest glaubte ich dies seinerzeit. In Wirklichkeit fehlten ihm seine Familie, seine heimische Kultur und die Bestätigung durch seinen Beruf. Als Kurierfahrer war er nachts unterwegs, tagsüber fand er dennoch Zeit, sich um seinen kleinen Sohn zu kümmern. So hätte es für uns drei weitergehen können.

Anfang 2005 zogen dunkle Wolken auf. R. las eine Nachricht auf meinem Handy, die er völlig falsch verstand. Er dachte, ich würde ihn betrügen und drehte vollkommen durch. Er schloss sich ein, betrank sich mit Hochprozentigem und kam irgendwann sturzbetrunken aus dem Zimmer. Bis dato wusste ich überhaupt nichts von der Existenz einer SMS auf meinem Handy, war mir auch keiner Schuld bewusst. Er beschimpfte mich, dichtete mir einen Liebhaber an. Ich beteuerte, nur ihn zu lieben, da er der Mann meines Lebens sei. Ich drang nicht zu ihm durch. Im Gegenteil: Meine Beteuerungen machten ihn nur noch wütender und er bezichtigte mich der Lüge. Dann rastete er aus und schlug mir zweimal mit der Faust ins Gesicht. Der Nachbar, von dem die besagte SMS stammte, hatte wohl unseren Streit gehört. Er klingelte und wollte wissen, was denn los sei. Ich bat ihn inständig, R. zu erklären, dass zwischen uns nichts sei. Leider goss mein Nachbar noch Öl ins Feuer: Er lachte R. aus und erklärte ihm, dass er ein Spinner sei. Das brachte R. nun endgültig auf die Palme. Er stürmte in die Küche und nahm zwei Messer an sich. Dann kam er wieder zurück, entschuldigte sich bei mir und rammte sich theatralisch die Messer in den Bauch. Obwohl die Verletzungen nicht schwer waren, rief ich einen Krankenwagen. Dieser brachte ihn zunächst ins Krankenhaus, wegen Selbstmordgefahr danach in die Psychiatrie. Dort blieb er zehn Tage, ich besuchte ihn täglich.

Als er wieder zuhause war, regelte sich unser Alltag wieder. Ich genoss mein Glück mit meiner kleinen Familie. 2008 wurde unsere Tochter geboren, drei Monate später heirateten wir.

Während all dieser Zeit brodelte es in meinem Mann. Er fühlte sich von meiner Familie nicht akzeptiert, warf meiner Mutter vor, sich in unser Leben einzumischen, war mit seiner Arbeit als Bauhelfer kreuzunglücklich. Darunter litt unser Familienleben zunehmend. Er, der lange Zeit den toleranten Weltbürger gespielt hatte, kehrte nun den fundamentalistischen Moslem heraus. Er regte sich auf, dass unser Sohn als Besucher eines katholischen Kindergartens beim Essen manchmal das Kreuzzeichen machte, wollte nicht, dass er am Martinsumzug teilnimmt: Kurzum, er kam mit der christlichen Umgebung immer weniger zurecht. Trotz aller Schwierigkeiten hielt ich aber weiter zu ihm und versuchte immer das Beste daraus zu machen.

2009, während unseres Sommerurlaubs in Tunesien, dämmerte mir, dass wir uns fremd geworden waren. Mein Mann warf mir vor, mich verändert zu haben. Wir entfernten uns tatsächlich voneinander. R. reagierte, indem er mittels seines Glaubens Gräben aufwarf, wo vorher keine waren. Nun sollte unser Sohn streng muslimisch aufwachsen, möglichst keine Kirche mehr von innen sehen, was angesichts des Besuchs eines konfessionellen Kindergartens eher schwierig ist. Wir redeten nur noch das Nötigste, das anschließende Weihnachten, sonst das Familienfest schlechthin, wurde zu einem Albtraum.

Rückblickend weiß ich, dass er seinerzeit die Rückkehr nach Tunesien vorbereitete. Während eines Kurzurlaubs in seiner Heimat, wobei ihn unser Sohn begleitete, machte er Nägel mit Köpfen. Er bewarb sich um Arbeit, besichtigte Wohnungen und richtete sich auf dauernde Rückkehr ein. Als er wieder bei uns war, verkündete er seine Zukunftspläne. Wir sollten in seine Heimat gehen, da es uns dort besser erginge als hierzulande, schließlich sei die Fünfjahresfrist um. „Bist du dabei?", wollte er unmissverständlich wissen. „Erst einmal muss unsere Ehe wieder so sein wie sie war", entgegnete ich. „Hopp oder top", er bestand auf meine sofortige Entscheidung. „Unter diesen Voraussetzungen gehe ich nicht mit", beschloss ich.

Übles ahnend, versteckte ich meinen Reisepass und die der Kinder. Wohl nicht gut genug, denn R. fand sie und versteckte sie seinerseits. Ich hatte zu jener Zeit eine Nachtarbeit als Tankstellenkassiererin angenommen, um das Familieneinkommen zu verbessern. Deswegen schlief ich häufig tagsüber.

Dann kam jener Schicksalstag, den ich wohl nie vergessen werde. Meine Mutter stand in der Türe, mit ihrem Handy wedelnd. „Du bist schuld", konnte ich in seiner SMS an sie lesen, während sie mich fragte, wo die Kinder seien. Bald wurde es zur schrecklichen Gewissheit: Mein Mann hatte meine Nachtschicht ausgenutzt und unsere Kinder in seine Heimat entführt. Für mich brach eine Welt zusammen.

Die folgenden sieben Monate verbrachte ich in einem Delirium aus Psychopharmaka, zwischen Hoffnung und Verzweiflung, Wut und Enttäuschung. Meine Kinder fehlten mir unendlich, ich wollte sie nur wieder zurück haben, koste es, was es wolle.

Telefongespräche mit meinem Mann brachten mir nur neue Tränen ein. Er benutzte meine Kinder, um mich zu erpressen. Ich müsse zu ihm ziehen, wenn ich sie wiedersehen wolle, verlangte er. Ich wusste aber, dass ich in Tunesien niemals wieder glücklich werden könnte, denn ich sollte natürlich eine brave, muslimische Ehefrau ohne Rechte werden. Zum Schein ging ich darauf ein, wiegte ihn am Telefon in Sicherheit. Ich gaukelte ihm eine gemeinsame Zukunft vor, gleichzeitig begann ich die Rückholung meiner Kinder vorzubereiten.

Ich wendete mich an **Evelyne Kern**, denn ich hatte gehört, dass sie mit ihrem Verein in solchen Fällen helfen kann. Eine Ansprechpartnerin des Vereins, deren Kinder auch einmal entführt worden waren, fing mich in meiner Not auf und brachte mich mit vielen intensiven Gesprächen auf den richtigen Weg. Ich hatte nur eine Chance: Ich musste meine Kinder illegal zurückholen, denn keine Behörde, kein Politiker, keine offizielle Stelle konnte mir in meiner Not helfen.

Der Verein vermittelte mir einen Detektiv und bezahlte die ersten Kosten für die geplante Rückholung der Kinder. Zusammen mit diesem Detektiv flog ich nach Tunesien. Mir zitterten die Knie, als ich meine Kinder endlich wieder in die Arme schließen konnte, nachdem R. zum ersten Treffen ohne die Kinder erschien.

R. bekam von meinen Fluchtvorbereitungen nichts mit. Er glaubte, ich plane erneut die Zukunft mit ihm und meinen Kindern, diesmal jedoch in Tunesien. Ich wohnte zwar in einem Hotel, konnte meine Kinder aber täglich sehen. Anfänglich ließ er nicht zu, dass ich mit beiden Kindern allein war. Ich hatte entweder meinen Sohn oder meine Tochter bei mir, oder R. war selbst dabei. Dann holte er mich in seine Wohnung und das war mein Chance: Eines Vormittags, während er zur Arbeit ging, schlug ich ihm vor, mit beiden Kindern im Hotelpool schwimmen zu gehen. R. stimmte zu. Ich nutzte die Gelegenheit und verließ mit meinen Kindern fluchtartig das Hotel. Die abenteuerliche Flucht, über verschlungene Wege, bei der ich sehr viel Angst ausstehen musste, brachte mich und meine Kinder schließlich dank der vielen Helfer nach Hause. Ohne den Verein, den Detektiven und dem TV-Team, das uns begleitete, hätte ich es nicht geschafft.

Mir fiel eine Zentnerlast vom Herzen, als wir drei wieder wohlbehalten am Frankfurter Flughafen standen, von Verwandten, Freunden und dem halben Dorf mit großem Hallo empfangen. Ich heulte hemmungslos vor lauter Glück. Endlich waren wir wieder daheim.

Ein Dreivierteljahr liegt unsere Flucht aus Tunesien nun zurück. Seither versuche ich, mit meinen Kindern im Alltag klarzukommen und es gelingt mir immer besser.

Als nächstes werde ich mir eine Arbeit suchen, um die Restsumme zurückzuzahlen, die mich mein Tunesienabenteuer und die Rückentführung gekostet haben. Ich bin reifer geworden, habe manche Illusion verloren. Aus dem blauäugigen Mädchen ist eine Frau geworden, die zumindest weiß, was sie nicht will.

Meine Ehe mit einem Mann fremder Kultur und Religion ist gescheitert. Vermutlich waren die Unterschiede zwischen uns doch zu groß. Ich wollte es nur nicht wahrhaben, solange ich verliebt war. Doch die Ernüchterung kam schnell genug.

*

Die folgende erschütternde Geschichte einer Mutter dreier bi-nationaler Kinder endete vor Gericht mit einem gerechten Urteil für den Entführer: 10 Jahre Haft!

Erstmals wurde ein moslemischer Vater wegen Kindesentführung, Nötigung, Freiheitsberaubung, Vergewaltigung und Betrugs nach 15 nervenaufreibenden Verhandlungstagen vor einem deutschen Gericht zu 10 Jahren Haft verurteilt. Das rechtskräftige Gerichtsurteil liegt uns vor. Auch hier tut sich neben der Gerechtigkeit, die hier ausgesprochen wurde, die Frage auf, was das dem Steuerzahler kostet. Geht man von Durchschnittskosten (Quellennachweise) von 100 Euro pro Tag für einen Gefangenen aus (das ist von Bundesland zu Bundesland verschieden), so kommen in 10 Jahren (vorausgesetzt, er sitzt die auch ab) eben mal 365 Tausend Euro zusammen, die dem Steuerzahler zur Last fallen. Ein zweischneidiges Schwert?

Gerechtigkeit? Ja. Doch ist es auch eine Genugtuung für die Mutter? Nein. Doreen hat weiterhin keinen Kontakt zu ihren Kindern, die sich immer noch in Tunesien befinden. Die Aussichten, sie wiederzubekommen, sind trotz allem vage.

Nachfolgend erzähle ich hier die erschütternde Geschichte in Kurzform.

Wahre Geschichte Nr. 09 – Doreen
Ob sie ihre Kinder jemals wiedersieht?

Was als Urlaubsliebe auf Djerba 2001 begann, endete in einem Martyrium. Die Geschichte liest sich wie ein Melodram. Ein halbes Jahr nach ihrem Kennenlernen heiratet das Paar und bekommt Nachwuchs. Drei Kinder werden in der Ehe geboren.

Mohamed und Doreen fahren jedes Jahr nach Tunesien, um die Familie des Mannes zu besuchen. Doch im Sommer 2008 kommt alles anders. Kurz nach der Ankunft in Tunesien, teilt Mohamed seiner Frau mit, dass er die drei gemeinsamen Kinder von nun an in Tunesien behalten werde, um sie nach islamischen Regeln großzuziehen. Doreen stellt er frei, alleine nach Deutschland zurückzukehren.

Die entsetzte Mutter will ihre Kinder nicht alleine zurücklassen und beschließt daher, vor Ort zu bleiben, mit der insgeheimen Absicht, einen Fluchtplan auszuarbeiten. Telefonate mit Doreens Familie gestattet Mohamed nur in seiner Anwesenheit. Aus Sorge um ihre Kinder, nimmt sie ein Leben unter wiederkehrenden Demütigungen in der traditionell muslimisch eingestellten Großfamilie auf sich.

Um Hartz IV und Kindergeld zu bekommen, lässt Mohamed seine Familie in Deutschland angemeldet. Er selbst hat die deutsche Staatsbürgerschaft angenommen. Er stellt sogar einen Rentenantrag.

In Tunesien gelingt es Doreen schließlich, durch Geldversprechungen, einen Schwager als Helfer zu gewinnen. Er überlässt ihr sein Handy und sie kann über ihre Familie Zahlungen an den jungen Mann veranlassen und einen Fluchtplan ausarbeiten.

Nach neun Monaten Aufenthalt auf einem Gehöft in der Steinwüste Südtunesiens, wagt sie nachts gemeinsam mit ihren Kindern die Flucht zur Deutschen Botschaft in die ungefähr 600 km entfernte Hauptstadt Tunis. Die Rettung scheint nahe. In Tunis will sie Ersatzpässe für ihre Kinder bekommen. Doch in der Botschaft gibt es Verzögerungen bei der Ausstellung.

Der Flieger in die Freiheit hebt ohne die vier ab. Doreen kann die Flüge auf die Nacht umbuchen, doch offensichtlich hat der Schwager weiche Knie bekommen und den Fluchtversuch verraten, so dass Doreen mit ihren

Kindern bald darauf in Tunis von der Familie ihres Ehemannes abgefangen und wieder auf das Gehöft in Südtunesien verschleppt wird.

Ein zweiter Fluchtversuch, einige Tage später, scheitert schon auf dem Grundstück der Familie. Doreen wird entdeckt, bekommt die Kinder weggenommen und wird vom Hof gejagt. Sie läuft in die zwei Kilometer entfernte Stadt, um auf dem Polizeipräsidium Hilfe zu bekommen. Aber man kennt die Familie des Ehemannes und verweigert ihr die Hilfe, man verhöhnt sie sogar. Einige Zeit später kommt Mohamed und holt seine Frau zurück in sein Haus. Dort angekommen, wird Doreen vom Bruder ihres Mannes und ihm aus dem Auto gezerrt und in ein Zimmer verbracht. Sie wird von den beiden geschlagen und getreten. Sie wollen, dass Doreen ein Dokument unterschreibt, in dem sie das Sorgerecht für ihre Kinder ihrem Ehemann übergibt. Nach etwa 90 Minuten unterschreibt sie schließlich und wird erneut weggejagt.

Bei Anwälten in Tunesien sucht Doreen Hilfe. Sie fordert mutig vor Gericht das Sorgerecht für ihre Kinder und reicht die Scheidung ein. Während der ersten Scheidungssitzung überträgt der tunesische Richter ihr das Sorgerecht für das jüngste Kind, welches erst 18 Monate alt ist. Die beiden älteren sollen bis zur nächsten Verhandlung beim Vater bleiben. Der Richter möchte erst alle Parteien anhören und sich ein Bild von der Situation machen. Die Chancen stehen sehr gut, dass Doreen auch das Sorgerecht für ihre beiden älteren Kinder erhält. Dies weiß auch Mohamed und verschleppt Doreen erneut auf das Gehöft der Familie. Dort wird sie geschlagen, gedemütigt und vergewaltigt. Sie muss ihre Unterwäsche ausziehen, darf keine Schuhe tragen, nur ein langes traditionelles Kleid ist erlaubt. Sie wird von den Familienmitgliedern rund um die Uhr bewacht. Ihr Mann und dessen Bruder misshandeln sie so lange, bis sie abermals ein Schriftstück unterschreibt, mit dem sie das Sorgerecht für ihre Kinder an ihren Mann abgibt. Wenige Tage später wird sie von ihrem Mann und einem befreundeten Polizisten gewaltsam zum Flughafen gebracht. Sie muss ohne ihre Kinder zurück nach Deutschland fliegen.

Als ihre Eltern sie am 31. August 2009 vom Frankfurter Flughafen abholen, ist sie mit Hämatomen übersät, am Ende ihrer Kräfte. Die Mutter erzählt: „Meine Tochter weinte nur noch, weil sie jetzt nicht mehr bei ihren Kindern sein konnte, um sie zu beschützen."

Seither kämpft Doreen um die Rückführung ihrer Kinder. Doch dies ist sehr teuer. Der Pfarrer ihrer Gemeinde organisiert eine Spendenaktion. Aber das Geld reicht nicht.

Ende 2010 wendet sich Doreen über das Internetforum 1001Geschichte.de an den Verein, der ihr seither zur Seite steht. Dieser weiß aus vielen anderen Fällen bi-nationaler Schwierigkeiten, wie der Fall anzupacken ist, schließlich hat man sich mit den Gesetzen, Sitten und Gebräuchen Tunesiens vertraut gemacht. Doreen erhält von deutschen Gerichten das Aufenthaltsbestimmungsrecht für die Kinder und kann Strafanzeige gegen ihren Mann stellen. Ein internationaler Haftbefehl wird erlassen. Da Deutschland jedoch kein Auslieferungsabkommen mit Tunesien hat, ist eine staatlich angeordnete Rückführung der Kinder nicht möglich.

Im Frühjahr 2011 reist Mohamed nach Paris, dort wird er festgenommen und später nach Deutschland in Untersuchungshaft gebracht. Anfang November 2011 beginnt der Prozess gegen ihn vor dem Mannheimer Landgericht. 15 Verhandlungstage lang werden Zeugen vernommen und Aussagen überprüft.

Im Laufe des Verfahrens wird mehr als einmal deutlich, dass der Kindsvater versucht, alle Schuld von sich zu weisen und auch u. a. nicht davor zurückschreckt, Doreen als psychisch krank hinzustellen. Misshandlungen und Vergewaltigung streitet er ab. Der Richter schenkt jedoch den ärztlichen Attesten und Zeugenaussagen Glauben.

Am 09.02.2012 wird das Urteil verkündet. 10 Jahre Haft wegen Entziehung Minderjähriger, gefährlicher Körperverletzung, Nötigung, Freiheitsberaubung, zweifacher Vergewaltigung und Betrugs. Die Revision der Gegenseite wurde abgelehnt – das Urteil ist rechtskräftig.

Ob Doreen ihre Kinder jemals wiedersehen wird, ist

allerdings noch immer fraglich. Hier müssen auch die tunesischen Behörden tätig werden. Seit Prozessbeginn durfte Doreen nicht mit ihren Kindern telefonieren. Die Familie ihres mittlerweile geschiedenen Mannes verweigert ihr dies. Sie weiß nicht, wie es den Kleinen geht. Eine tunesische Anwältin kümmert sich nun darum, dass Doreen das ihr in Tunesien unter Zwang abverlangte Sorgerecht wieder zuerkannt wird und die Kinder zu ihrer Mutter ausreisen dürfen. Wir werden Doreen auf diesem schweren Weg weiterhin begleiten. Wie die Geschichte ausgehen wird, werde ich auf 1001 Geschichte berichten.

*

Das Thema „Entführte Kinder" geht mir ganz besonders zu Herzen, weil das Leid und der Schmerz, den Mütter und Kinder ertragen müssen, unermesslich ist. Wir haben viele Mütter betreut, die ihre Kinder im Heimatland ihres Mannes zurücklassen mussten oder denen sie aus dem Kinderzimmer in Deutschland entführt wurden. Nicht allen konnten wir helfen. Nur selten können die Kinder auf legalem Wege zurückgeführt werden. Für Rückentführungen, wofür kompetente Detekteien ihre Dienste anbieten, fehlt oft das Geld und es ist auch nicht ungefährlich. So manche Mutter ging dieses Risiko für ihre Kinder ein. Viele Kinder leben nach wie vor ohne Mutter im fremden Land, mit fremden Menschen. Wenn sie Glück haben, sorgt eine liebevolle Großmutter oder eine Schwester des Vaters für sie. Aber das ist nach unseren Erfahrungen eher selten der Fall. Meist werden die Kinder bei irgendwelchen Verwandten abgestellt, für die sie eine zusätzliche Belastung sind. Ihre Mutter in Deutschland wird als böse Frau hingestellt, die ihre Kinder nicht haben will. Die zarten Kinderseelen werden gebrochen.

Ich hatte in Zarzis zwei Kinder in der Verwandtschaft, die ohne Mutter aufwuchsen. Zwar ging es ihnen relativ gut – sie waren immer gutgenährt und sauber – aber irgendwie spürte ich, dass da etwas nicht stimmte. Der Junge (bei dessen Beschneidungsfest ich dabei war) ging später regelmäßig in die Koranschule und lief nur mit hängendem Kopf durch die Gegend. Das kleine blonde Mädchen, das wohl ganz nach seiner Mutter ging, hatte unsagbar traurige Augen. Ich habe beide Kinder niemals lachen oder mit den anderen Kindern spielen gesehen. Einmal fragte ich ihren Vater, was mit der Mutter sei. Er sagte mir, sie sei gestorben. Später erfuhr ich von einer Cousine hinter vorgehaltener Hand, dass er das auch den Kindern erzählt hat, er sie aber aus dem Haus gejagt hatte, weil er nicht wollte, dass die Kinder von einer „Ungläubigen" erzogen wurden und weil sie sich seinem Wunsch zum Islam zu konvertieren, nicht unterordnete. Leider habe ich nie erfahren, wer die Mutter der Kinder ist.

Abschließend kann ich zu diesem Thema nur sagen, dass ich sehr froh bin, mit meinem tunesischen Mann keine Kinder gehabt zu haben. Vielleicht hätte auch ich sie zurücklassen müssen. Allein der Gedanke daran ist für mich unerträglich.

Allen Frauen, die jetzt in der schlimmen Situation sind, dass ihre Kinder ohne ihr Einverständnis in das Heimatland des Vaters verbracht wurden, kann ich nur viel Kraft und Ausdauer wünschen und natürlich, dass sie ihre Kinder eines Tages wieder in die Arme schließen können.

*

Warum Bezness oft mit Sextourismus verwechselt wird

Sextourismus ist ein weiter Begriff, der allerdings sehr pauschaliert wird. Man definiert ihn oft mit älteren, bierbäuchigen Männern in kurzen Hosen, die sich in asiatischen Urlaubsländern eine junge, hübsche Thailänderin kaufen oder auch mit Frauen mittleren und älteren Alters, meist sehr wohlbeleibt oder schon etwas aus der Form geraten, die in Kenia, Gambia und anderen Ländern nach jungen, knackigen Burschen Ausschau halten, um sich ihren Urlaub zu versüßen. Diese Damen und Herren bedienen das typische Klischee des Sextourismus schlechthin und sind in unserer Gesellschaft nicht sehr angesehen, während sie an ihrem Urlaubsort begehrenswert zu sein scheinen. Doch wie gesagt, das ist ein Klischee. Die Tatsachen sehen anders aus.

Diese sogenannten Sextouristen, jeden Alters und jeder Herkunft, wissen, worauf sie sich einlassen. Sex gegen Geld – vielleicht noch ein paar Geschenke – aber das war's dann. Jedes Jahr fliegt man dann wieder mit dem Vorsatz in diese Länder, ein paar Wochen Spaß zu haben. Warum? Ganz einfach, weil das zuhause im biederen Mannheim, Zürich oder Graz so nicht unbeobachtet möglich ist. Vieler dieser Menschen sind wohl sehr einsam. Sie leben meist allein, gehen ihrer Arbeit nach, sehnen sich nach einem Partner, den sie aber in unserem vom Schönheits- und Schlankheitswahn geprägten Europa nicht so einfach finden.

Das funktioniert aber nicht, weil eben diese Männer und Frauen dem fatalen Irrglauben aufgesessen sind, dass diese jungen, bildhübschen Thailänderinnen und muskelstrotzenden jungen Strandboys gerade sie, attraktiv und begehrenswert finden. Ein fataler Irrglaube. Für Prostituierte zählt nur die Entlohnung und das ist überall auf der Welt so, wo es Sex gegen Geld gibt.

Nun gibt es aber die Frauen, die sich in den Strandboy, Kellner oder Masseur, der sie am Urlaubsort angesprochen und verfolgt hat, am Ende verlieben und seinen gekonnt gespielten Liebesschwüren bedingungslos geglaubt haben. Diese Frauen sind nicht mit dem Vorsatz, sich Sex zu kaufen, in den Urlaub geflogen. In der Regel sind es Frauen, die völlig unbedarft und unbeschwert der Einladung eines Einheimischen „auf einen Kaffee" gefolgt sind – meist mit dem harmlosen Gedanken, eben auch „Land und Leute" kennenzulernen. Sie sind in Urlaubsstimmung und auch oft einem kleinen Flirt nicht abgeneigt. Sie durchschauen den Bezness-Gedanken nicht und in vielen Fällen verlieben sich diese Frauen ernsthaft. In den Augen ihrer gewohnten Umwelt und der klischeebehafteten Gesellschaft sind sie oft nichts anderes als Sextouristen. Schließlich haben sie sich mit einem Einheimischen eingelassen. Sie sind zwischen 17 und 70, kommen aus allen sozialen Schichten, sind oft sehr attraktiv und gebildet. Dass sie trotzdem mit Sextouristen in einen Topf geworfen werden, ist mehr als traurig.

Das gilt natürlich auch für Männer, die sich im Urlaub in eine Einheimische verlieben und ohne dem Vorsatz, nach sexuellen Abenteuern zu suchen, in diese Länder kamen.

Bezness-Opfer sind demnach also doppelt gestraft. Sie unterliegen dem grausamen Geschäft mit ihren Gefühlen, werden betrogen und belogen, nur weil sie sich verliebt haben und sind zudem der Verachtung vieler Mitmenschen ausgesetzt, die sie für Sextouristen halten.

Geschichte Nr. 10 – Dafra
Eine unendliche Geschichte

Meine Geschichte begann vor zehn Jahren. Erst jetzt bin ich völlig geheilt und eigentlich wollte ich an nichts mehr erinnert werden, was mit Afrika zu tun hat.

Doch aus aktuellem Anlass (eine alte Freundin von mir musste sich mit diesem Thema hier im Forum befassen), schreibe ich meine Geschichte – nicht mehr für mich, aber für andere Betroffene und weil Keniaberichte offensichtlich nicht so oft hier zu lesen sind.

Es begann also im April 2002. Mit einer Freundin wollte ich Urlaub machen. Zufällig haben wir vierzehn Tage Kenia ausgesucht. Natürlich hatten wir uns reisemäßig auf dieses Land bestens vorbereitet. Alles andere, was wir jetzt wissen, mussten wir mehr oder weniger in bitterer Erfahrung selbst erleben. Von Bezness haben wir damals nie gehört.

Ich selbst war zu der Zeit recht traurig, hatte ich doch gerade eine Trennung hinter mir. Davor reiste ich in viele Länder und Kontinente. Meine Freundin hingegen, sie möge mir verzeihen, kam über Ostsee und Harz nie hinaus und hatte gerade eine Scheidung hinter sich.

Während meine Freundin sich schon nach wenigen Tagen im Paradies wähnte, was ihre Männerbekanntschaften betraf, war ich, wie gesagt, noch traurig und meistens im Hotel. Es war gerade Regenzeit und ich saß am Pool. Es war nicht so viel los im Hotel. So kam ein Poolboy zu mir und wir begannen uns nett zu unterhalten. Wir spielten Tischtennis und freundeten uns an. Er hatte zwei kleine Jungen, die Mutter war angeblich abgehauen, er erzählte mir, wie schwer es für ihn sei, die beiden Kinder zu ernähren. Er tat mir sehr leid.

Die Beachboys am Strand wollten uns eine Safari organisieren. Da sie mich aber bestohlen hatten, bin ich zurückgetreten und nach vielem Hin und Her bin ich dann allein nach Malindi gefahren, weil dieser Poolboy seinen freien Tag hatte und mich führen wollte. Natürlich habe ich alles bezahlt, seine kleinen Geschenke, Taxi, Essen und Drinks. Die armen Afrikaner, dachte ich, wer weiß, wo sie schlafen und essen, ich machte mir Sorgen. Außerdem erinnere ich mich, dieser Mann war ruhig und bescheiden, niemals fragte er nach Geld und ich bewunderte ihn sogar, weil er arbeitete für 4000 ksch (damals ca. 40 Euro) und nicht als Beachboy die Touristen betrog.

Durch diese Reise geschah etwas Sonderbares. Ich war damals schon 54 und NIEMALS war ich auf junge Männer aus, schon gleich gar nicht auf Schwarze.

Aber ich habe mich nach dieser Reise tatsächlich toll gefühlt. Leidenschaft war es nicht. Es war mein „Helfersyndrom", Mitleid usw. Natürlich fühlte ich mich auch geschmeichelt. Ich hielt es sogar irrtümlich für Liebe.

Im Juni war ich wieder in Kenia, wo sonst? Und Ende Dezember sind wir wieder nach Kenia geflogen. Meine Freundin, um Spaß zu haben, ich, weil ich tatsächlich in Mombasa heiraten wollte. Ach, wäre ich doch eine Sextouristin, dann wäre dies alles nicht passiert. Am 11.01.2003 war die Eheschließung in Mombasa.

Über meine Freundin muss ich nicht mehr schreiben, sie wurde zwar auch betrogen, aber sie hatte mit dem einen oder anderen nur ihren Spaß, ich dagegen habe geheiratet, weil ich an Liebe glaubte.

Ende Januar 2003 nach der Hochzeit, flog ich nach Deutschland. Am Flughafen in Mombasa sagte mein Mann „My Wife, ich vermisse Dich jetzt schon."

Nach ca. sechs Wochen erhielt ich Kenntnis darüber, dass mein Ehemann noch mindestens eine andere Deutsche hat. Ich kann das nicht alles hier aufschreiben, aber es kam zu einem Telefonat mit dieser deutschen Frau.

Wir wunderten uns gegenseitig über alles, sie konnte nicht glauben, dass „ihr" Mann verheiratet war. Das Schlimmste aber kommt jetzt: Diese Frau sagte zu mir, sie ist HIV positiv, sie habe es von ihm und sie ist sicher, dass ich es auch habe.

Ich war am Ende, ich war wie tot, ich wollte sterben. Meine ganze Welt war zerbrochen. Mit niemandem wollte ich sprechen. Ich dachte an Selbstmord.

Im April 2003 ging ich zum Arzt. Nach fünf Tagen die Erlösung. Ich bin gesund. Mein Arzt sagte: Von 2000 ist nur einer resistent oder die Frau hat gelogen.

Ich weiß 100%ig, sie hat wirklich AIDS. Später erfuhr ich, sie ist jetzt mit einem jungen Boy in Kenia verheiratet.

Mein zweites Leben hat begonnen. Eigentlich hätte ich jetzt Schluss machen müssen, ihn nicht nach Deutschland einreisen lassen sollen. Was sollte ich tun? Theater spielen? Ihn kommen lassen? Ich war hin- und hergerissen. Vielleicht hatte diese andere Frau gelogen und mit mehreren Kenianern Kontakt? Ich sagte ihm nichts von meinem Verdacht, sagte ihm nur, dass er zum Arzt gehen soll, um einen Test zu machen. Er ist nicht gegangen.

Alle Papiere wurden anerkannt, im Juli 2003 kam er nach Deutschland. Er bekam erst einmal zwei Jahre Aufenthalt. Nach dreieinhalb Monaten meinte er, er müsse nach Hause wegen Problemen in der Familie. Ich kaufte ihm das Ticket, schließlich wollte ich nicht schuld daran sein, dass er seiner Familie nicht helfen konnte.

Ich wartete acht Wochen, der Rückflug war gebucht. Ich war am Flughafen. Er kam nicht. Keine Information. Nach weiteren vier Wochen wartete ich wieder am Flughafen. Nichts, ohne Information. Am nächsten Tag wurde ich krank. Ich wusste nicht, wie, was und warum. Ich war einfach krank. Nun erzählte ich auch alles meiner Familie. Seitdem haben wir kein gutes Verhältnis mehr. Heute kann ich es verstehen.

Ich hatte doch alles für ihn getan: Krankenversicherung, Arbeitserlaubnis, Konto und und und. Über Geld spreche ich nicht, es ist zu viel... Zuviel für mich, ich war fast selbst zum Sozialfall geworden. Ich habe ihm Deutschland gezeigt, ihn verwöhnt und verhätschelt aus Mitleid. Später wusste ich, dass er zum Arbeiten zu faul war. Er wollte mit seiner Frau, der Mutter seiner Kinder, zuhause in Kenia sitzen und „Kindergeld" aus Deutschland kassieren. Von meinen „Gaben" ganz zu schweigen.

Ich flog jedes Jahr nach Kenia, um ihn zu suchen, zu finden und um zu wissen, was los ist. Schließlich war er mein Mann und ich fühlte mich immer noch verantwortlich.

Dann habe ich ihn gefunden. Ich fragte ihn, was er für Probleme mit mir und Deutschland habe. Seine Antwort: „Kein Problem, mein Schatz, was hast du mir mitgebracht?"

Ich liebte ihn nicht mehr, aber er tat mir leid. Das letzte Mal sah ich ihn im August 2008. Er war sehr, sehr schmal. Im Juni 2010 ist er gestorben. AIDS gibt es offiziell nicht. Meiner Meinung nach war er HIV positiv. Niemand weiß es genau.

Ich konnte das alles nicht fassen und verstehen, ich hätte alles für ihn und die Kinder getan. Ich habe auch jetzt erst gehört, die Mutter seiner Kinder war nie weg, das erklärt so Einiges. Auch hat er später in Kenia erzählt, Deutschland sei Scheiße, seine Ehe wäre kaputt, und ich hätte ihm NICHTS gegeben, kein Geld, gar nichts.

Was mir bleibt ist, ich bin am Leben, nicht krank und wurde auch nicht umgebracht, wie viele Deutsche in Kenia. Nur mein Herz war gebrochen, für lange Zeit.

Heute bin ich gestärkt, es hat mich nicht umgebracht. Es war meine letzte Chance, er hat seine Strafe bekommen. Eine letzte Schwierigkeit bleibt, in Deutschland bin ich bis heute verheiratet. Alle Bemühungen, eine Sterbebescheinigung zu erhalten, sind bis jetzt nicht erfolgreich verlaufen. Aber auch das werde ich noch schaffen.

Übrigens, auch ich hatte immer noch nicht genug. Durch meine Enttäuschung, mein Verletztsein und durch Einsamkeit bin ich noch einige Male auf Beznesser hereingefallen, wenn auch „NUR" durch Hilfe in Form von Geld und Naturalien.

Wie gesagt, jetzt ist alles gut, die Zeit habe ich offensichtlich gebraucht.

*

Auch die folgende Geschichte ist ein typisches Beispiel dafür, wie man eine Frau, die sich einfach nur verliebt hat, in die Kategorie Sextourismus einordnet.

Veronika schrieb ihre ganze Story in dem Buch „Das kalte Herz des Mandinka" (siehe Literatur zum Thema am Ende dieses Buches) nieder und stieß damit bei einigen Menschen auf Unverständnis und Spott. Dennoch stellt sie sich mit ihrer Geschichte der Öffentlichkeit, geht damit sogar ins Fernsehen und steht dazu, dass sie mit ihrer Geschichte, nur eines will: andere Frauen warnen. Veronika heißt im Buch Victoria.

Geschichte Nr. 11 – Veronika
Das kalte Herz des Mandinka

Meine Geschichte ist nicht so spektakulär wie viele andere. Ich bin nicht ausgewandert, habe ihn nicht geheiratet und er kam auch nicht nach Deutschland. Wir lebten unsere Liebe über die Distanz von rund 6.000 km. Sie wurde hauptsächlich von der Sehnsucht und der Illusion meinerseits, auf eine gemeinsame Zukunft, genährt. Geld habe ich sehr viel verloren, aber nicht, weil ich ihm so viel gegeben habe, sondern weil ich törichterweise meinen langjährigen, gut bezahlten Job freiwillig aufgegeben und bis heute, aufgrund meines Alters, keine feste Anstellung mehr gefunden habe.

Ich lernte ihn im Dezember 2007 während eines Urlaubes in Gambia kennen, wo er am Strand meines Hotels frisch gepressten Fruchtsaft verkaufte. Er erinnerte mich sofort an meinen tödlich verunglückten Freund, dessen Verlust mir immer noch zu schaffen machte, obwohl es schon 4 ½ Jahre zurücklag. Ich weiß nur, dass ich auf einmal wieder so ein Herzklopfen hatte, wie man es nur hat, wenn man sich verliebt. Von einem Moment auf den anderen mutierte ich zu einem pubertierenden jungen Mädchen, welches sich, unsicher und rot werdend, geschmeichelt fühlte, von diesem Mann umworben zu werden. Die Art, wie er sprach und wie er mich dabei ansah, hatten sofort eine besondere Wirkung auf mich.

Es gab einige Männer, die sich für mich interessierten, ich arbeitete im Verkauf und hatte jeden Tag viele Kunden und viele von ihnen waren alleinstehende Männer, aber ich hatte einfach kein Interesse mehr. Ich verknüpfte Liebe mit Trauer und Schmerz und verbaute mir dadurch jegliche Chance auf ein neues Glück. Ich war sicher, bis zum Rest meines Lebens von der Erinnerung an meine zweite große Liebe leben zu können.

Aber plötzlich gab es diesen Mann, er hieß Amir, der sich vor das Bild meiner Erinnerung drängte. Er war in keinster Weise aufdringlich, eher zurückhaltend und für mich schon fast ein bisschen geheimnisvoll. Gleich an unserem ersten gemeinsamen Abend erzählte er mir, dass er eigentlich Taxifahrer sei, aber sein Chef ihn entlassen hätte, weil dessen eigener Sohn nun alt genug war, um das Taxi zu fahren. Und dass er eine kleine Tochter hatte, aber mit der Mutter nicht mehr zusammen sei, weil die sich von ihm wegen eines Europäers getrennt hätte. Das Kind würde nun im Senegal bei der Großmutter und Amirs Schwester leben. Er selbst wohne in Banjul und vermisse die Kleine sehr, könne sie aber nur ein oder zweimal im Jahr besuchen. Wir verbrachten jeden Tag miteinander, denn er musste ja arbeiten, aber wir hatten ständigen Augenkontakt und es tat gut, ihn ganz in meiner Nähe zu wissen. Weil nicht viel los war, machten wir Strandspaziergänge und abends gingen wir aus zum Essen, was ich natürlich immer bezahlte, er hatte ja kein Geld. Ich hatte mich unsterblich verliebt. Unseren ersten Sex hatten wir in meinem Hotel. Amir handelte mit einem Securityman einen Geldbetrag aus, so dass wir ungesehen ins Zimmer gelangen konnten. Wir wollten es beide, aber irgendwie schämte ich mich auch dafür. Die nächsten Male gingen wir nur noch zu ihm nach Hause. Der Compound, in dem er lebte, befand sich in den Slums von Banjul. Er war wirklich sehr arm, aber dafür liebte ich ihn noch mehr.

Mein Urlaub ging sehr schnell vorbei und ich versprach ihm, bald wiederzukommen.

Nur gute drei Monate später, die mir wie eine Ewigkeit vorkamen, war es dann wieder so weit. Ich wollte ihn überraschen, was mir auch gelang. Ich schlich mich gegen Abend von hinten an seinen Fruchtstand und umarmte ihn. Er freute sich wirklich.

In diesem Urlaub gab es auf einmal seinen kranken Vater, der zusammen mit seiner Frau, Amirs Stiefmutter, auch im selben Compound lebte. Der alte Mann war wirklich sehr krank und Amir kümmerte sich um ihn. Er wusch ihn morgens und abends, weil seine Stiefmutter zu schwach dafür war. Auch besuchten wir seine kleine Tochter und seine Mutter im Senegal. Seine Mutter war sehr herzlich, doch schien sie sehr krank zu sein. Seine Schwester dagegen war distanziert wie auch seine kleine Tochter. All die Spielsachen und die Kleider, die ich mitgebracht hatte, wurden kaum beachtet. Die Schwester hatte noch ein kleines Baby, welches die ganze Zeit schrie, weil es wohl noch nie eine weiße Person gesehen hatte. Natürlich steckte ich seiner Mutter beim Abschied noch einen Geldschein zu, in der Hoffnung ihr wenigstens etwas zu helfen.

Amir schien trotz allem nicht glücklich zu sein und wenn ich ihn fragte, was denn los sei, dann antwortete er immer nur: „Es ist wegen meiner schlechten finanziellen Situation.„

In diesem Urlaub sprach er zum ersten Mal von Heirat, aber mir war das einfach zu früh. Wir kannten uns ja kaum. Auch hatte ich Bedenken wegen unseres Altersunterschiedes und unserer unterschiedlichen Kultur und Religion. Er aber sagte stets: „Das Alter ist doch nur eine Zahl, die Frau unseres Propheten war auch älter und hier in Gambia leben Moslems und Christen in Frieden miteinander." Natürlich bedeutete er mir schon sehr viel und ich versprach ihm, ernsthaft darüber nachzudenken.

Als ich wieder nach Deutschland zurückflog, weinte ich und ich spürte mehr und mehr, dass ich ohne diesen Mann nicht mehr leben konnte und wollte. Ich dachte zum ersten Mal daran, Deutschland zu verlassen und in Gambia zusammen mit ihm zu leben. Ich war im Laufe der Jahre etwas einsam geworden und plötzlich hatte ich durch die Liebe zu Amir wieder Freude am Leben. Zwar hatte ich auch meinen Sohn, den ich über alles liebte, aber er war erwachsen und lebte schon nicht mehr zu Hause. Außerdem hatte er sein eigenes Leben und uns beiden war die Qualität unserer Mutter-Sohn-Beziehung immer wichtiger als die Quantität. Und nach dem Tod meines Freundes Matti wünschte mein Sohn mir nur eines, nämlich dass ich wieder glücklich werden würde. Ich wusste, dass er meinen Wunsch auszuwandern nicht nur respektieren, sondern mich dabei auch unterstützen würde. Meine Eltern lebten schon lange nicht mehr und zu meinen beiden Halbschwestern hatte ich nur sporadischen Telefonkontakt. Zu dieser Zeit fühlte ich mich noch etwas einsamer als sonst, weil mein Sohn sich auf einer mehrmonatigen Weltreise befand.

Ich vermisste Amir so sehr und wenn ich ihn nicht erreichen konnte und er sich nicht per SMS meldete, fühlte ich mich wie eine Blume ohne Wasser. Leider passierte das sehr häufig, aber er sagte jedes Mal, es läge an der schlechten Verbindung. Ich glaubte es ihm nicht immer. Das machte ihn sehr böse und er sagte: „Du liebst mich nicht, denn du vertraust mir nicht." Ich gebe zu, dass es mir schwerfiel, ihm alles was er sagte zu glauben, aber trotzdem liebte ich ihn. Dann sagte er, dass das Hotel, an dessen Strand er Saft verkaufte, geschlossen würde und er nun keine Arbeit mehr hätte. Ich tröstete ihn und sagte, dass er bestimmt einen besseren Job finden würde, denn er hatte doch sowieso nicht viel mit dem Saft verdient. Wieder wurde er böse und mir war klar, dass er Geld erwartete. Wieder war er unerreichbar und es passierten merkwürdige Dinge. Zwei, dreimal beendeten wir sogar unsere Beziehung am Telefon. In dieser Zeit ging es mir so schlecht, dass ich dachte, ich müsse sterben. Aber dann rief er plötzlich wieder an und bat mich um Verzeihung und sagte, dass ich die einzige Frau sei, die er wirklich tief aus seinem Herzen heraus liebt und er mich auch so sehr vermissen würde.

Als dann in meiner Firma wieder Entlassungen stattfinden sollten, stellte ich mich sofort in die erste Reihe und schied zufrieden mit einem Aufhebungsvertrag aus dem Unternehmen aus.

Ich war sehr aufgeregt, als ich im Oktober 2008 wieder im Flugzeug nach Gambia saß, um ihn schon bald wieder in meine Arme schließen zu können. Aber irgendwie hatte er sich verändert. In diesem Urlaub gab er mir zum ersten Mal deutlich zu verstehen, dass er ein Auto von mir haben wollte. Ich aber sagte ihm, dass ich eventuell vorhatte, nach Gambia zu kommen um für immer bei ihm zu bleiben. Natürlich würde ich dann auch ein Auto kaufen, wer weiß, vielleicht sogar zwei. Wir würden ein Taxibusiness eröffnen. Aber dazu bräuchte ich noch einige Zeit. Nie spürte ich, dass er darüber froh war. Aber das war einfach seine Art, er redete nie viel und ich nahm an, dass er einfach so eine Grundtraurigkeit in sich trug. Ich wünschte mir so sehr, ihn glücklich zu machen und hoffte, dass es mir eines Tages gelingen würde. Aber es sah nicht danach aus. Er entzog sich mir oft, war verletzend und ließ mich sehr oft allein. Ich hatte für zwei Wochen das Hotel für ihn bezahlt, aber er kam gerade fünf Mal. Mir war klar, dass er einfach mehr Geld von mir haben wollte und ich versuchte ihm immer wieder zu erklären, dass er einfach noch etwas Geduld haben sollte. Ich liebte ihn wirklich, aber es widerstrebte mir, ihm so viel Geld zu geben, ich hätte mich dadurch so billig gefühlt. Auch bildete ich mir ein, dass er sich selbst doch auch besser fühlen würde, wenn wir zusammen ein Geschäft eröffnen und er sich sein eigenes Geld verdienen konnte und ich ihn nicht wie einen Gigolo bezahlte. Aber ich täuschte mich. Er bestrafte mich mit Liebesentzug. Ich verstand die Welt nicht mehr.

Als ich wieder in Deutschland war, rief er plötzlich an und teilte mir mit, dass sein Vater schwer krank sei und wahrscheinlich sterben müsste, wenn er keine richtige medizinische Behandlung bekäme. Er wollte zusammen mit seinem Vater nach Deutschland kommen. Obwohl ich gleich dachte, dass der Vater den Flug wohl gar nicht überstehen könnte, setzte ich einige Hebel in Bewegung, um seinem Vater eine Behandlung in Deutschland zu ermöglichen. Es wäre aber von Nöten gewesen, eine Krankenakte des Vaters einzusehen oder zumindest mit seinem behandelnden Arzt zu sprechen. Aber anstatt sich über meinen Einsatz zu freuen, beschimpfte Amir mich am Telefon und sagte, dass er nicht mit seinem Vater kommen könnte, es ginge ihm schon viel zu schlecht. Mir war klar, dass er von mir erwartete, dass ich ihm Geld schicken würde. Vielleicht hätte ich es ja auch getan, aber die Art und Weise, wie er mit mir sprach, verletzte mich sehr und machte mich auch wütend. Wir stritten wieder am Telefon und Amir sagte, dass ich mein Geld doch behalten sollte, er bräuchte es nicht und er wolle mich nie mehr wieder sehen und dass ich keine gute Frau sei und dann beendete er das

Gespräch und war auch nicht mehr für mich erreichbar. Es war aus. Ein für alle Mal. Ich litt unendlich.

Silvester verbrachte ich zuhause mit einer Freundin und wir verbrannten symbolisch alle E-Mails von Amir und sie meinte: „Vergiss den Typ einfach, es war doch klar, dass der von Anfang an nur dein Geld wollte und sonst nichts."

Mir ging es gesundheitlich immer schlechter. Dennoch kämpfte ich mit mir selbst, um konsequent zu bleiben.

Aber dann flashte er Anfang Februar mehrere Male. Erst ignorierte ich seine Anrufe, aber dann machte ich mir doch Sorgen. Vielleicht ging es ihm ja schlecht und er brauchte mich. Also rief ich ihn an. Er war wirklich sehr verzweifelt und flehte mich nun an, ihn zu heiraten. Es überraschte mich und machte mich glücklich und traurig zugleich. Irgendwie hatte ich meinen Traum, nach Gambia auszuwandern, schon begraben. Zunächst musste ich ins Krankenhaus, um ein Nierenleiden auszukurieren. Danach musste ich mir eine Arbeit suchen, aber ich bekam auf Grund meines Alters nur Absagen. Im Sommer starb dann sein Vater, was ich nur durch Zufall erfuhr. Natürlich schickte ich Geld für die Beerdigung. Ich vermisste Amir wieder so sehr und er „vermisste" mich auch. Als ich ihm ankündigte bald zu kommen, wollte er jedes Mal den genauen Zeitpunkt wissen, aber bedingt durch meine Erkrankung konnte ich ihm das nicht genau sagen.

Es war über ein Jahr vergangen und als ich ihm mitteilte, dass ich im Januar 2010 eventuell kommen könnte, sagte er nur, dass ich erst im Februar kommen sollte, weil er seiner Mutter im Senegal beim Brunnenbau helfen müsste. Es fiel mir schwer, das zu glauben, denn niemals zuvor erzählte er mir, dass er für mehrere Wochen dort war. Aber es nützte nichts. Ich bekam dann einen Flug Ende Februar.

Amir war nicht mehr der Mann, den ich kennengelernt hatte. Er hatte auf einmal Rastas und war oft wie abwesend. Unmittelbar nach unserem ersten Zusammensein in dem Bett, das ich ihm geschenkt hatte, sagte er mir, dass ich ihm jetzt endlich ein Auto kaufen sollte und er nicht mehr länger warten könne. Es verletzte mich so sehr, das gleich am ersten Tag nach fast 15 Monaten hören zu müssen, so dass ich mich sofort anzog und wieder zurück in mein Hotel fuhr. Zwei, drei Tage sahen wir uns nicht, aber ich hielt es einfach nicht ohne ihn aus, wir mussten einfach noch einmal miteinander reden. Als er dann bei mir war, sagte er, dass er mich nicht mehr mit zu sich nach Hause nehmen könnte, weil wir nicht verheiratet seien. Er ging mit mir in ein Stundenhotel und unmittelbar nach dem Sex wollte er wieder, dass ich ihm ein Auto kaufe oder mindestens 2000 Euro gebe. Aber ich hatte so viel Geld nicht bei mir und meine eigenen Ersparnisse waren schon weit aufgebraucht, so dass ich mein Geld für mich selbst brauchte. Er wurde sehr zornig und wieder trennten wir uns im Bösen. Bei unserem nächsten Treffen stellte er mich dann vor die Tatsache, dass es von nun an wegen seiner Religion auch keinen Sex mehr zwischen uns geben könne. So sehr mich das auch verletzte, so konnte und wollte ich mich aber auch nicht aufdrängen. Ich bat ihn trotzdem, wenigstens die Abende mit mir zu verbringen, da ich nicht allein sein wollte. Ich bot ihm an, außer dem Essen, den Getränken, den Zigaretten noch zusätzlich 300 Dalasis zu geben. Ich merkte, dass er mehr wollte, aber er willigte dann doch ein, weil er vielleicht dachte, es sei wohl besser als Nichts. Er war kalt wie Eis. Ich war wirklich wie am Boden zerstört. Unsere Beziehung war am Ende. Trotzdem sprach er immer wieder vom Heiraten. Ich verstand die Welt nicht mehr, aber es war eben einfach eine vollkommen andere Kultur.

Bei allem Schmerz, den ich für mich empfand, war mir aber auch klar, dass ich ihn nicht mehr länger warten lassen konnte. Aber irgendetwas tief in mir drin sagte: „Victoria, du kannst diesen Mann nicht heiraten, er liebt dich nicht, merkst du das nicht? Glaubst du allen Ernstes, er wird sich wie auf Knopfdruck ändern, wenn du ihn heiratest?„

Mein Herz und mein Verstand führten unzählige Kämpfe aus, aber das Herz gewann.

Wieder zurück in Deutschland bereitete ich alles für unsere bevorstehende Hochzeit vor. Ich besorgte alle notwendigen Papiere, leistete die Anzahlung für ein Auto, welches ich mir schon ausgesucht hatte und das bereits im Hafen von Banjul für mich bereit stand und sehnte den Tag herbei, an dem ich wieder bei Amir sein konnte. Er hatte mir so oft versprochen, dass er wieder so sein würde wie früher, wenn ich ihm endlich den Beweis meiner Liebe geben würde – die Heirat.

Trotz aller Bedenken und unzähligen Stunden in Internetforen auf der Suche nach gut funktionierenden bi-nationalen Beziehungen, hielt ich an der Illusion fest, dass alles irgendwie gut werden würde, aber nachts ließen mich meine Zweifel nicht mehr schlafen.

Als er mir dann mitteilte, dass ich auf gar keinen Fall vom 15. bis 29. Oktober kommen sollte, weil er da wieder seiner Mutter im Senegal helfen müsste und ich auch unter keinen Umständen keines der beiden Hotels buchen sollte, in denen wir die letzten Male zusammen gewesen waren, weil er nur Schlechtes gehört hätte, war ich doch sehr skeptisch. Auf einmal war es, als würde ich geführt.

Wie ferngesteuert buchte ich exakt am 15. Oktober meinen Flug und natürlich auch eines der beiden Hotels, die direkt nebeneinander lagen.

Als ich, in Banjul angekommen, durch die Passkontrolle dem Ausgang zustrebte, traute ich im ersten Moment meinen Augen nicht, denn da stand er und wartete sehnsüchtig auf die Frau, die gerade angekommen war. Aber diese Frau war nicht ich, denn er wusste ja nicht, dass ich komme.

Als er mich sah, wollte er flüchten, aber ich verstand das alles nicht und rief laut seinen Namen. Kalt sah er mir in die Augen und auf meine Frage, warum er jetzt hier sei, sagte er ohne mit der Wimper zu zucken, dass er hier öfter sei, um mit Freunden zu chatten.

Ich dachte, den Boden unter den Füßen zu verlieren, aber ich machte keine Szene, sondern ging mit schmerzendem Herzen zum Transferbus, der nur noch auf mich wartete.

Am übernächsten Tag sah ich ihn mit der anderen Frau am Strand, erst tat ich so, als sähe ich ihn nicht, aber irgendwie fand ich das grotesk. Ich hatte doch wohl ein Recht zu erfahren, was hier gespielt wurde. Wir hatten doch erst vor kurzem noch von Heirat gesprochen. Ich wollte ihm keine Szene machen vor all den Leuten, dachte, er würde sich kurz von der anderen entfernen und mir eine Erklärung geben. Aber nein, ganz und gar nicht. Wie ein verletztes Tier sprang er hoch und schrie mich an, ich solle bloß nicht mit der Frau reden und ihn in Ruhe lassen. Sein Körper versperrte mir den Blick auf die Frau. Ich dachte, er wollte auf mich losgehen, so entsetzlich böse war er. Zwei Securityleute kamen und hielten ihn mit aller Mühe fest. Er schrie immer noch und jagte mich davon wie ein dreckiges, lästiges Subjekt. Mein Asthma nahm mir die Luft zum Atmen und ich glaubte, ersticken zu müssen.

Eine Freundin, der ich ein paar Tage später davon erzählte, beobachtete Amir und diese Frau. Sie fragte unter einem unauffälligen Vorwand nach dem Namen der Frau und der unbedarfte, höfliche junge Mann an der Rezeption gab ihr diesen auch.

Ein paar Tage später bekam ich hohes Fieber, Durchfall und Erbrechen. Ich nahm an, mir den Magen verdorben zu haben, aber als es mit jedem Tag schlimmer wurde, suchte ich eine Klinik auf. Dort diagnostizierte man mir Malaria und ich musste dort bleiben. Der Arzt meinte, ich hätte früher kommen sollen. Ich hatte immer noch Durchfall und erbrach alles wieder, was nur meine Lippen berührte und auch das Fieber ging nicht herunter. Ich nahm mein Umfeld nur noch wie durch eine Nebelwand wahr.

Auf einmal, ich dachte, ich phantasiere und war mir sicher sterben zu müssen, da sah ich Amir am Fußende des Bettes stehen. Er bat mich um Verzeihung, immer und immer wieder. Ich nahm wirklich an, er sei nur eine Erscheinung in meiner Phantasie, der Wunsch ihn noch einmal zu sehen, bevor ich ins Jenseits hinübergleite. Aber er war so real und ich streckte meine Hand aus, um ihn zu berühren und tatsächlich: Er war wirklich da, ich spürte seinen Arm und ich nahm seinen, mir so vertrauten Geruch nach Marihuana wahr.

Er wich mir nicht mehr von der Seite, kam jeden Tag und bat mich immer wieder, ihm zu verzeihen. Ich konnte doch gar nicht anders, denn ist es nicht auch eine Sünde, jemandem nicht zu verzeihen, wenn er so inständig darum bittet? Erst recht, wenn es sich dabei um den Menschen handelt, den man immer noch, egal was er auch getan hatte, liebt?

Ich verzieh ihm wieder. Immer und immer wieder verzieh ich ihm und gab ihm die Chance, wieder alles gut zu machen. Er sagte, er liebe die andere Frau nicht, er hätte nur etwas mit ihr angefangen, wegen seiner schlechten finanziellen Lage und ich sei ja so lange nicht da gewesen.

Mein Aufenthalt in Gambia verlängerte sich, bedingt durch die Malaria, auf neun Wochen.

Als es mir wieder besser ging, besuchte er mich öfter im Hotel. Aber es kamen wieder Forderungen nach Geld. Wenn ich ein wenig mehr von der anderen Frau erfahren wollte, wurde er böse und sagte, er wolle darüber nicht sprechen, die Andere sei jetzt nicht wichtig und sowieso Vergangenheit. Zum Sex kam es nicht mehr zwischen uns und leider auch zu keiner guten oder erkenntnisreichen Aussprache. Ich spürte wieder, wie er log und dabei aber immer mich zur Schuldigen machen wollte. Ich konnte gar nicht mehr verstehen, warum er überhaupt ins Krankenhaus gekommen war. Das hätte er doch einfach bleiben lassen sollen, denn, dass das keine Liebe war, war so sicher wie das Amen in der Kirche.

Es tat weh anzunehmen, dass der einzige Grund für seine Besuche wohl war, mich eventuell bei meinem Ableben zu beerben, außerdem wusste er wohl auch von dem Auto im Hafen.

Ich flog mit wundem Herzen zurück nach Deutschland. Manchmal dachte ich, all das war nur ein böser Traum, aber es war die bittere Wahrheit. Es ließ mir keine Ruhe und da ich den Namen der anderen Frau hatte, versuchte ich im Internet etwas über sie zu herauszufinden. Und tatsächlich, ich fand jemandem mit diesem Namen, eine Email-Adresse war auch angegeben.

Einen Versuch war es wert. Ich schrieb dieser Frau eine Mail und bat sie, falls sie doch nicht diejenige sein sollte, die ich suchte, mir nur kurz zu antworten. Ich schrieb ihr, dass ich diejenige sei, die von Amir am Strand beschimpft und davongejagt wurde. Ich schrieb ihr, wie lange ich mit ihm schon zusammen war und bat sie mir doch wenigstens mitzuteilen, seit wann sie eine Beziehung mit ihm hatte. Ich appellierte an ihr Gewissen von Frau zu Frau und bat sie, sich in meine Lage zu versetzen, weil sie doch die Einzige sei, von der ich endlich die Wahrheit erfahren konnte.

Es dauerte ziemlich lange bis sie antwortete. Sie schrieb, dass sie ihn im November 2009 kennengelernt und ihn schon im April des darauffolgenden Jahres geheiratet habe und dass sie jetzt im Moment etwas Probleme mit ihrer Schwangerschaft hätte, dass sie ihn liebe und immer seine rechtmäßige Ehefrau bleiben würde und dass sie zukünftig keinerlei Kontakt mehr mit mir wünsche. So weh das auch alles tat, so empfand ich aber auch Erleichterung, endlich nach all diesen Zweifeln und Selbstvorwürfen die Wahrheit zu erfahren, die ich schon so lange befürchtete, aber trotz allem nie für möglich gehalten hätte.

Ich hasse diesen Mann nicht, wünsche ihm trotz allem, glücklich zu sein, aber bis heute tut es weh und es gelingt mir nicht mehr zu glauben und zu vertrauen.

*

Die Wut der Betroffenen

Das Erwachen aus dem afrikanisch/orientalischen Traum ist für die meisten Betroffenen mehr als bitter. Hat man doch sein ganzes Leben darauf eingestellt, künftig ganz anders und mit diesem Mann, den man für die große Liebe hielt, zu leben. Während einige Frauen völlig traumatisiert aus dieser Beziehung „zurück ins normale Leben" finden wollen und die Hilfe eines Therapeuten in Anspruch nehmen müssen, um überhaupt wieder klar zu kommen, tut sich bei anderen eine unglaubliche Wut auf, die kaum zu bändigen ist.

Die Wut dem „Unguten" gegenüber, dem sie die ganze Misere zu verdanken haben, nimmt hier eher eine untergeordnete Rolle ein. Klar ist man wütend auf denjenigen, der gelogen und betrogen hat. Diese brodelnde Wut schlägt dann aber meist in Hass um und vergeht irgendwann, wenn man einsieht, dass man doch nichts ändern kann, um das Unglück rückgängig zu machen. Gerechtigkeit erhält man hier ohnehin nicht und bestraft wird der Betrüger sowieso nicht.

Die größte Wut aber haben viele Betroffene auf sich selbst. Hier handelt es sich überwiegend um jene Frauen, die in Deutschland ihren Mann stehen, wie man so sagt, die aus guten Verhältnissen kommen, einen Beruf erlernt haben, erfolgreich sind, in der Gesellschaft vor ihrem orientalischen Abenteuer Anerkennung fanden und auch sonst mit beiden Beinen auf der Erde stehen. Die häufigsten Fragen, die diese Frauen sich stellen, sind diese:

- Wie konnte ich mich nur in diesen Mann verlieben?
- Wie konnte ich es zulassen, dass er mich so manipulierte?
- Warum bin ich nicht früher aufgewacht?

Diese Wut, die man gegen sich selbst empfindet, ist nur schwer in den Griff zu bekommen. Man muss sich schon selbst wieder gehörig am Haarschopf packen und aus dem Dilemma herausziehen, um nicht gänzlich der Selbstbestrafung zu verfallen.

Dr. Yvonne Arnhold sagt dazu Folgendes: Es ist verständlich, dass sich die Wut der betrogenen Frau irgendwann weniger gegen den Beznesser richtet, der ihr so übel mitgespielt hat. Letztendlich war er in der Regel nichts anderes als ein Indikator dafür, dass zuhause in dem (Familien-)System etwas nicht gestimmt hat oder nicht stimmt. Sei es, dass sie als schwarzes Schaf der Familie – entsprechend dem identifizierten Patienten – immer gezwungen war aus der Reihe zu tanzen oder dass sie überangepasst ständig in dem Stress stand, den

Erwartungen ihrer Umgebung Rechnung zu tragen. Keine Frage, dass es dazwischen viele Varianten gibt.

Natürlich darf ihr nicht bewusst sein, welch wichtige Rolle sie als schwarzes Schaf spielt: Die Menschen in ihrem Umfeld können so alle „negativen" Eigenschaften auf sie projizieren, sich auf diese Art über sie erheben und sich selbst an ihrem Scheitern „beweisen", dass es doch besser ist, zur braven Herde zu gehören. Ebenso wenig darf der überangepassten Frau klar sein, dass sie irgendwann scheitern muss, weil die Umgebung – auch hier ohne die geringste böse Absicht – meint, sie tut ihr einen Gefallen, wenn ihr immer mehr abverlangt wird. Gern geschieht dies im Doublebind. Das bedeutet, jeder Beliebige fühlt sich berufen, ihr widersprüchliche Aufgaben zu erteilen, die sich in der Kombination einfach nicht lösen lassen: „Sei angepasst und setz' dich durch", „Mach Karriere und geh in der Familie auf", „Mach alles richtig und lass dich von uns kritisieren" ...

Nachdem derartige Abläufe aber eben nicht bewusst passieren, kann die Betroffene auch keine Schuldigen ausmachen. Doch anstatt zu erkennen, dass – wenn man überhaupt von Schuldigen reden will – nur das System als Schuldiger in Frage kommt, das allen ihre Rollen zuteilt, kommt sie zwangsläufig zu dem Schluss, dass nur sie selbst sich die fatale Situation eingebrockt haben kann – was die Umgebung ihr natürlich bereitwilligst zurückspiegelt.

Anstatt sich zu fragen, welche Vorbedingungen sie in das orientalische Abenteuer getrieben haben – der Zwang, der Rolle als schwarzes Schaf zu entsprechen oder die Flucht vor dem ewigen und letztendlich fruchtlosen funktionieren müssen – zermartert sich die gescheiterte Frau das Hirn eben mit solchen Fragen wie bereits beschrieben.

Vom systemischen Ansatz her sind diese Fragen relativ einfach zu beantworten: Es musste dieser Mann sein, weil er früher oder später alle Probleme wieder aufleben lassen würde, die im Beziehungssystem, in dem die Frau lebte, bereits vorhanden waren und bearbeitet werden wollten. Das schwarze Schaf schaffte mit seiner Hilfe brav die Nöte und Peinlichkeiten, die die Familie und Freunde von ihm erwarteten und warf das Geld so aus dem Fenster, wie man es von ihm erwartete. Die überangepasste Frau entspricht mit Unterstützung des Beznessers ebenfalls den Erwartungen ihrer Umgebung: „Klar, dass ein Mensch, der plötzlich so aus seiner Rolle fällt, scheitern muss!" Klar auch, dass man so richtig über beide enttäuscht sein darf.

Noch leichter beantwortet sich so auch die Frage, warum die Betroffene sich so manipulieren ließ: Sie war es doch niemals anders gewöhnt. Manipuliert wurde sie von der eigenen Familie, egal, ob sie in die Rolle des schwarzen Schafs oder in die Rolle der Alleskönnerin gedrängt und ein Leben lang entsprechend ver- und beurteilt wurde.

In diese Richtung geht auch die Beantwortung der nächsten Frage: Wie Dornröschen musste sie so lange träumen bis die Zeit reif war, was in diesem Fall bedeutet, bis das bisher unterdrückte (und vielleicht schon ein Leben lang vorhandene) Problem so unübersehbar wurde, dass man es beachten musste.

Leider wird einem solchen Problem (z. B. Überbehütung oder Vernachlässigung) in unseren Breitengraden in der Regel mit Schuldzuweisungen begegnet. Es wird nicht gefragt, wie und wann es entstanden ist, worunter die Betroffene heimlich schon lange leidet, wer involviert (nicht schuld!!) ist und wie man es möglichst schmerzlos – und ohne dass in der Familie viel zu Bruch geht – lösen kann. Und leider ist unsere Gesellschaft mit der Beantwortung dieser Frage schnellstens bei der Hand: Nachdem es der Beznesser nicht sein kann – warum war sie auch so blöd und ist ihm auf dem Leim gegangen – und ebenso wenig Familie und Freunde – die haben doch gar nichts gemacht, ja die haben sie sogar gewarnt – kann die Schuld nur bei der Frau selbst liegen.

Und dieses Verdikt nimmt die Frau dann auch mehr oder weniger bereitwillig an. Schließlich signalisiert ihr jeder, dass ihr jetziger Zustand eigentlich die gerechte Strafe für so viel Dummheit, Unangepasstheit, Übermut, Selbstüberschätzung etc. ist.

Die Wut auf sich selbst kommt dann zwangsläufig aus der Bereitschaft, sich – wie man es von ihr erwartet – für all das selbst zu bestrafen und das – leider unbewusste – Wissen, dass die Schuldverteilung so leicht nicht sein kann.

Hier könnte professionelle Hilfe schnell weiterbringen. Methoden, wie Wingwave (siehe Quellennachweise), die Schuldzuweisungen von vornherein außen vor lassen und Besserwissereien und Belehrungen des Therapeuten oder Coaches nicht zulassen, unterstützen die traumatisierte Frau, zu einer gesunden Selbsteinschätzung zu finden, die sie bis dato nicht haben durfte.

*

Betrogene Männer sollten ihr Schweigen brechen

Man kennt das ja: Männer sind im Allgemeinen stark, stecken eher was weg – zumindest möchten sie, dass man das von ihnen denkt. Ein „Weichei" oder wie man ihn heute nennt, ein „Softie", will doch keiner wirklich sein.

Ist das wirklich so?

Ich denke nicht. Männer sind empfindlichere Wesen, als man im Allgemeinen annimmt.

Gespräche mit dem „starken Geschlecht", die ich zur Recherche dieses Buches bei betroffenen Männern durchführte, haben ergeben, dass die meisten Befragten offen zugeben, dass sie „versagt" haben. Auch hier liegt der Knackpunkt bei der Annahme, man habe ja selbst schuld, weil man es hätte wissen müssen. Irrtum. Auch hier gilt der unbedingte Vorsatz, sich nicht selbst zum Täter zu machen. Diese Männer wurden betrogen und belogen und sie haben ihrer vermeintlichen Liebe vertraut und geglaubt, genauso wie die vielen Frauen ihrer vermeintlichen großen Liebe vertraut haben.

Es gibt nichts, wofür diese Männer sich schämen müssten. Sie sind Liebesbetrügerinnen aufgesessen, sind der emotionalen Erpressung, die diese Schwindlerinnen, die es nur auf ihre eigenen Vorteile abgesehen haben, aus Liebe erlegen. Nicht mehr und nicht weniger.

Prozentual gesehen liegen die Geschichten, bei denen Männer das Opfer sind, bei 15 Prozent. Allerdings darf hier die Dunkelziffer, genau wie bei den betroffenen Frauen, nicht unterschätzt werden. Eben die Geschichten von Männern, die sich dieser Schmach, die sich vielleicht bei der Bekanntgabe ihrer „Niederlage" ergeben könnte, nicht aussetzen wollen. Diese Angst ist allerdings eher unbegründet. Menschen, die mit dem Finger auf ein Bezness-Opfer zeigen oder sie gar verlachen, haben entweder nicht verstanden, worum es hier geht, haben meiner Meinung nach kein Mitgefühl mit Opfern oder vielleicht überhaupt keine Werte.

Hier eine typische Männer-Geschichte, wie sie immer wieder vorkommt. Stefan erzählt uns von seiner vermeintlich großen Liebe in Marokko.

Wahre Geschichte Nr. 12 – Stefan
Ich hätte mein Leben für sie gegeben

Ich habe einen nervigen Job im IT-Bereich und freute mich 2006 wie jedes Jahr auf meinen dreiwöchigen Urlaub, den ich immer ganz individuell mit Rucksack und allein in verschiedenen Ländern verbringe. Ich bin kein Strandlieger, sondern lerne gerne Land und Leute kennen. Meine Quartiere waren eher bescheiden und manchmal schlief ich auch in meinem kleinen Zelt am Strand oder auf einem Hof von Einheimischen, die mir immer sehr freundlich begegneten.

So auch in jenem Sommer. Ich war unterwegs von Fez in Richtung Norden. Ich wollte durch das Rif nach Nador und von da aus an der Küste längs nach Tanger. Von da aus sollte es dann wieder mit dem Schiff nach Spanien und nach Hause zurück gehen. Ich plane meine Reisen immer sehr sorgfältig.

Ich machte also, weil es schon dunkel wurde, in Ras Tabouda Halt, fragte an der großen Tankstelle an der Hauptstraße, wo ich übernachten könne. Der junge Tankwart war, wie ich es gewohnt war, sehr höflich und zuvorkommend. Er lud mich spontan ein, dass ich bei ihm zuhause auf dem Hof nächtigen könne. Ich nahm dankend an und ging mit ihm den Berg hinter der Tankstelle hinauf. Er lebte dort mit seiner Familie. Sein Vater hieß mich willkommen und wir unterhielten uns bei einem typischen marokkanischen Essen über Gott und die Welt. Er erzählte mir auch, dass seine zwei ältesten Söhne in Frankreich verheiratet seien und sie dadurch die Familie hier über Wasser halten konnten, weil sie regelmäßig etwas Geld schickten. In der Runde saßen nur die Männer des Hauses. Die Frauen und Mädchen hörte man lachen, aber ich fragte natürlich nicht nach ihnen. Ich kannte die Sitten und Gebräuche islamischer Länder. Rucksacktouristen gegenüber ist man immer sehr freundlich. Das habe ich in allen arabischen Ländern feststellen können.

Am nächsten Morgen, als mich schon um 4.30 Uhr der Muezzin und die Hühner, Mulis, Esel und Hunde weckten, stand ich gegen 5.00 Uhr von der Schaumstoffmatratze auf, die man mir in eine Ecke des Hofes gelegt hatte und wollte an den Brunnen gehen, um mich zu waschen. Da stand sie. Ein Mädchen wie aus einem Tausendundeine-Nacht-Märchen. Lange dunkle Haare, nur leicht mit einem kleinen Kopftuch nach hinten gebunden, mandelförmige, wunderschöne dunkle Augen und ein Schmollmund, aus dem schneeweise Zähne wie Perlen hervorblitzten. Ich war auf der Stelle verliebt. Sie lachte mich strahlend an, als sie mein verdattertes Gesicht sah und natürlich wurde ich verlegen.

Sie ging in die Küche und winkte mir, ich solle ihr folgen. Das tat ich. Sie drückte mir dort ein Tablett mit Kaffee und frischem Brot in die Hand, das wohl schon für mich bestimmt war. Ich bedankte mich und setzte mich damit wieder in meine Ecke auf meine Matratze. Ohne Scheu kam sie zu mir, setzte sich neben mich und fragte mich nach meinem Namen. Sie sprach ein reizendes Englisch, erzählte mir, dass sie in Fez auf das Lyzeum ging und Sprachen studieren wollte, um später zu unterrichten. Sie fragte nach meinem Beruf und meinen Eltern und ich erzählte alles über mich. Sie wollte auch wissen, wie viel ich verdiene und ob ich allein lebe. Ich dachte mir nichts dabei, hielt es einfach für weibliche Neugierde.

Sie konnte nicht verstehen, dass ich mit dem Rucksack und ohne Auto unterwegs war, obwohl ich doch so „reich" war. Eigentlich wollte ich schon ganz früh wieder los, weil ich an diesem Tag einen weiten Weg vor mir hatte, den ich per Bus oder Anhalter angehen wollte. Aber dieses Mädchen fesselte mich so, dass ich es plötzlich nicht mehr eilig hatte.

Die Männer des Haues waren längst schon auf dem Feld. Eine ältere Frau und zwei kleine Mädchen hantierten in der Küche, kamen ab und zu an den Brunnen und gingen dann wieder. Ich fasste Mut, fragte sie nach ihrem Namen und auch sie erzählte alles. Ihr Name war Rabia, sie war 18 Jahre alt. Ich kam mir mit meinen 29 uralt vor. Obwohl ich es nicht wollte, gebot es mir der Anstand, mich nun zu verabschieden. Ich wollte nicht noch hier sitzen, wenn die Männer zurückkamen, von denen ich mich ja schon am Abend verabschiedet hatte.

Schweren Herzens riss ich mich von Rabia los, gab ihr ein Visitenkärtchen von mir in die Hand, packte meinen Rucksack und ging, nicht ohne den obligatorischen kleinen Geldschein zu hinterlassen, den man erwartete, wenn man die arabische Gastfreundschaft richtig kannte. Der Rest der Reise ist nicht weiter erwähnenswert, dachte ich doch immer nur an Rabia.

Seit vierzehn Tagen saß ich wieder an meinem Arbeitsplatz, als mich eine Mail von Rabia erreichte. Ich war baff und hocherfreut zugleich. Sie schrieb mir, dass sie gerade an mich denken musste und dass sie nun in einem

Internetcafé in Fez saß und auf ein Lebenszeichen von mir wartet.

So begann unser regelmäßiger Kontakt, wir schickten uns gegenseitig Bilder und erzählten viel via Skype. Irgendwann sagte sie, dass sie nun nicht mehr schreiben könne, weil ihre Eltern wollten, dass sie einen entfernt verwandten Lehrer aus Oujda heiraten sollte, den sie aber eigentlich nicht wollte. Sie hatte aber keine andere Wahl, weil er eine stattliche Summe Brautgeld an ihren Vater bezahlt. Ich war außer mir. Zwar kannte ich die Bräuche in diesen Ländern, dass aber jetzt gerade ich davon betroffen war, erschütterte mich zutiefst. Ich fragte sie spontan, ob sie mich heiraten würde, wenn sie es könnte. Sie sagte sofort ja und riet mir, einen Brief an ihren Vater zu schreiben. Das tat ich dann auch. Sehr schnell kam ein Brief zurück, in dem stand, welche Papiere ich vorsichtshalber mitbringen sollte. Ich besorgte alles. Geburtsurkunden von mir und meinen Eltern, ein Ehefähigkeitszeugnis und eine Bescheinigung, dass ich deutscher Staatsbürger bin. Mein Gott, was war ich euphorisch und verliebt.

Von da an ging alles sehr schnell. Ihr Vater lud mich abermals nach Marokko ein. Ich nahm vierzehn Tage Urlaub und flog direkt nach Fez. Er holte mich am Flughafen ab und schon im Auto nach Ras Tabouda fing er an zu verhandeln. Letztendlich waren wir bei 20.000 Euro Brautgeld und ich willigte ein. Allerdings, so sagte er, müsse ich auch unbedingt zum Islam konvertieren, sonst wäre eine Hochzeit nicht möglich. Auch das schien mir kein Problem. Ich wusste, ich würde für Rabia alles tun.

Das Wiedersehen mit Rabia war wunderschön. Sie strahlte mich an und ich wusste, dass sie jeden Cent wert war. Der Gedanke, dass ich das Mädchen eben im Auto gekauft hatte, kam mir nicht. Wollte ich sie doch nur von einer Hochzeit mit einem Mann bewahren, den sie nicht verdiente und der sie womöglich noch schlecht behandelte.

In den nächsten Tagen regelten wir alles. Ich wurde in der Moschee zum Moslem, das war einfach. Ich musste ein paar Sprüche auswendig lernen und mich zu Allah und seinem Propheten bekennen. Ein Papier bekam ich dafür nicht.

Auf der Gemeindeverwaltung erledigten wir den Papierkram, wobei mich mein „Schwiegervater" immer begleitete und wobei ausschließlich arabisch gesprochen wurde und der Beamte in Englisch übersetzte. Auch die Heiratsurkunde und der Ehevertrag, in dem das Brautgeld stand, waren in Arabisch verfasst. Eine Woche später war Rabia meine Frau – auf dem Papier. Die Hochzeitsfeier und der Vollzug der Ehe sollten stattfinden, wenn die Familienzusammenführung, die ich nun von Deutschland aus beantragen musste, geklappt hat, das Brautgeld in der Hand des Vaters war und die Ehe auch in Deutschland rechtskräftig eingetragen wurde. Dann sollte ich kommen, die große Hochzeit feiern und Rabia mitnehmen. Allerdings erlaubte man mir, meine

Frau zu küssen und in die Arme zu nehmen. Auch durfte ich mit ihr allein im Mondschein Hand in Hand spazieren gehen. Es war wunderschön.

Wieder in Deutschland, schicke ich das Brautgeld wie vereinbart via Postanweisung und brachte die Papiere zum Übersetzer, um sie dann beim Standesamt einzureichen. Meine Eltern freuten sich sehr, dass wir Familienzuwachs bekommen sollten und meine Mutter fing schon an, meine Wohnung frauengerecht herzurichten.

Der Schreck war groß, als ich vier Tage später einen Anruf aus dem Übersetzungsbüro bekam. Ich hatte keine Heiratsurkunde unterschrieben, sondern eine Schenkungsurkunde über 20.000 Euro. Hätte ich nur zuerst die Papiere übersetzen lassen und dann das Geld geschickt. Das hat man von seinem blinden Vertrauen.

Was konnte ich tun? Rabia, die sich sonst immer gegen Abend via Skype meldete, blieb stumm. Tagelang versuchte ich sie telefonisch zu erreichen. Keine Chance. Dann ermittelte ich die Nummer der Tankstelle an der ihr Bruder arbeitet, der mich damals mitnahm. Ich konnte ihn erreichen und ihm sagen, dass ich diesen Betrug bei der Polizei anzeigen würde. Er lachte nur und fragte mich, ob ich ernsthaft geglaubt hätte, dass Rabia mich lieben würde. Die Konvertierung in der Moschee sei nur Show gewesen, um mich in Sicherheit zu wiegen. Der Imam war nicht echt, sondern nur ein Cousin, der mitgespielt hatte. Wörtlich sagte er, ich könne nun wieder Schweine fressen und Rabia vergessen.

Eine Anzeige bei der dortigen Polizei brachte keinen Erfolg, weil ja diese Schenkungsurkunde existierte. Rabias Vater und ihre Brüder, sowie der Beamte bei der Gemeindeverwaltung in Ras Tabouda sagten aus, dass man mich über den Inhalt des Dokuments sorgfältig aufgeklärt hätte, ehe ich es unterzeichnete. Die Akte wurde geschlossen.

Seither unternehme ich keine Reisen mehr in islamische Länder. Vor zwei Jahren begegnete ich dann in Frankfurt einer jungen Italienerin, sie ist nun meine Traum-(ehe)frau.

Über ein Marokko-Forum fand ich den Weg zu 1001Geschichte und finde es großartig, was hier geleistet wird. Deshalb stelle ich gerne meine Geschichte zur Warnung zur Verfügung. Männer, lasst euch von hübschen Mandelaugen in islamischen Ländern nicht täuschen. Überprüft sorgfältig jedes Papier, lasst es in Deutschland übersetzen, bevor ihr etwas unterschreibt.

*

Homosexuelle leben in Bezness-Ländern gefährlich

Nicht vergessen darf man hier die Männer, die gleich-geschlechtliche Beziehungen haben. Homosexuelle Männer gelten im Allgemeinen als sehr gefühlvoll und emotional angreifbar. Mit ihnen haben „Liebesbetrüger" in den Bezness-Ländern oft ein leichtes Spiel. Die doch sehr oft bildhübschen Burschen an den Stränden verste-hen es meisterhaft, schwulen Männern den Kopf zu ver-drehen, obwohl sie selbst oft gar nicht schwul sind. In Tunesien habe ich es erlebt, dass junge Männer für eine neue Levis, ein paar Nikes oder Geld schon mal eben mit einem Mann im Gebüsch verschwunden sind. Das mag neben dem finanziellen Aspekt auch daran liegen, dass besonders ganz junge Männer keine Möglichkeit haben, ihre sexuellen Bedürfnisse zu befriedigen. Ein muslimisches Mädchen ist tabu, ein Bordell für viele unerschwinglich. Also sind auch sexuelle Handlungen zwischen Freunden und männlichen Touristen nicht aus-geschlossen. Wenn man dafür noch einen Lohn erhält und so das Angenehme mit dem Nützlichen verbinden kann, warum nicht?

In Souihel lebte auch seit vielen Jahren ein homo-sexueller, wohlhabender Mann, der dort ein Haus gebaut

hatte und sogenannte „Hausboys" beschäftigte, die neben Haus- und Gartenarbeiten auch andere Dienste verrichteten. Er erzählte mir, dass er nicht auf die Suche
gehen muss, weil ihm die Jungs entweder von den Eltern
oder ihren älteren Brüdern angeboten werden, oder dass
sie von allein zu ihm kommen, weil sie gehört haben,
dass es bei dem Deutschen, wie er allgemein genannt
wurde, Flus (tunesisch für Geld) gibt. Über diese Aussage war ich sehr erstaunt, sind im Islam doch homosexuelle Handlungen verboten. Auf die Frage, ob die Familien der Jungs denn wüssten, welcher Beschäftigung sie
bei ihm nachgingen, lachte er und sagte, dass es denen
egal sei, Hauptsache die Entlohnung stimmt. Auf diese
Doppelmoral stieß ich im Laufe der Jahre öfters und
wunderte mich schließlich nicht mehr darüber, wenn ich
wieder einmal erfuhr, dass ein Nachbarsjunge bei dem
Deutschen „arbeitete". Mein Kontakt mit dem Mann
hielt sich allerdings sehr in Grenzen. Der Gedanke daran, dass seine Hausboys vielleicht jünger als 16 Jahre
alt sein könnten, ließ mich erschauern.

Aber zurück zum eigentlichen Thema. Was passiert,
wenn sich besagter Tourist in diesen bildhübschen
Adonis, den er am Strand kennenlernt, verliebt und
dieser seine Liebe zum Schein erwidert? Der Mann
tappt unaufhaltsam, genau wie die verliebte Frau, in die
Bezness-Falle. Er wird, wenn es schlimm kommt, alles
verlieren, was er besitzt und dazu noch seine Ehre. Ein

homosexueller Mann steht in moslemischen Ländern in der Hierarchie noch einige Stufen unter den freizügigen, europäischen Frauen, die sich in einen einheimischen Mann verliebt haben.

Homosexuellen Männern, die diese Erfahrung gemacht haben, fällt es, genau wie den Frauen, besonders schwer, das alles zu verarbeiten und jemals wieder jemandem zu vertrauen, geschweige denn, ihre Geschichte öffentlich zu erzählen. Ich kenne einige und kann versichern, dass sie teilweise sehr erschütternd sind.

*

Bezness aus der Sicht eines Familien-angehörigen

Hier haben wir eine tragische, jedoch auch typische Bez-ness-Geschichte, die von einem Familienangehörigen, dem Schwiegersohn, aufgeschrieben wurde. Gertraud wurde so von ihrem Beznesser beeinflusst, dass sämtliche Familienbande durchschnitten wurden. Sie kämpft um ihre vermeintlich große Liebe bis zur Selbstaufgabe. Je mehr kritische Stimmen sie zu dieser Verbindung gehört hat, desto aggressiver wurde ihr Ton den Warnenden gegenüber. Gertraud hat jetzt schon alles verloren: ihr Haus, den Kontakt zu ihren Kindern und Freunden, ihr Geld. Und doch kämpft sie weiter um diese – falsche – Liebe. Wie ihre Geschichte letztendlich ausgehen wird, wird Frederik auf 1001Geschichte erzählen.

Gertraud ist das Opfer geschickter Liebeslügen. Und wer sich jetzt fragt, warum sie diesem Mann, der eigentlich ihr Enkel sein könnte, Glauben geschenkt hat, der muss nur die vielen wahren Geschichten im Forum 1001Ge-schichte lesen. Es wird so geschickt taktiert, dass einfach keine Zweifel aufkommen. Nur wer das selbst erlebt hat, wird dafür Verständnis zeigen können.

Wahre Geschichte Nr. 13 – Frederik
Meine Schwiegermutter zerstörte unser Leben

Meine Geschichte beginnt im Frühjahr 2008.

Beruflich bin ich sehr viel im Ausland unterwegs und bin daher dankbar, dass es die Möglichkeit gibt, via Skype mit meiner Frau und meinen beiden Kindern kostenlos zu kommunizieren.

Um auch mit meiner verwitweten Schwiegermutter, nennen wir sie Gertraud, während meiner Abwesenheiten sprechen zu können, hatte ich ihr vorgeschlagen, das Programm gleichfalls auf ihrem Computer zu installieren. Sie war begeistert von dieser Kommunikationsmöglichkeit und rief mich dann leider häufiger an, als mir lieb war.

Als ich mich mal wieder im Ausland aufhielt, wunderte ich mich, dass ich nicht einen Anruf meiner Schwiegermutter erhielt – nicht das mich das ärgerte, eher im Gegenteil – aber verwundert war ich schon. In einem Nebensatz erwähnte ich das gegenüber meiner Frau.

Am darauffolgenden Tag bekam ich dann in dem allabendlichen Familiengespräch die Information, dass unsere Gertraud einen etwa 40 Jahre alten Algerier, nennen wir ihn A., kennengelernt habe. Zusammen mit meiner Frau freute ich mich zunächst darüber, da Gertraud schon seit 10 Jahren Witwe war und mit ihren damals 63 Jahren durchaus als attraktiv zu bezeichnen war. Wir erhofften uns von dieser Beziehung auch eine Entlastung des Familienalltags – Schwiegermutter hatte durchaus die Eigenart, mehrmals wöchentlich in den Abendstunden bei uns aufzukreuzen, um nicht alleine zu sein. War sie am Tage durch ihre Arbeit gut beschäftigt, fiel ihr abends wohl öfter mal die Decke auf den Kopf.

Als ich einige Wochen später zurück in Deutschland war, besuchten wir Gertraud. Dabei stellte sich heraus, dass wir alle dem Irrtum unterlegen waren, dass der neue Mann an ihrer Seite in Deutschland leben würde – Fehlanzeige! Der „erfolgreiche 40-jährige algerische Geschäftsmann" lebt in Algerien. Das war der Moment, in dem bei uns das erste Mal die Alarmglocken schrillten. Kurze Zeit später wurde ich von meiner Schwiegermutter gebeten, eine sogenannte Verpflichtungserklärung einzuscannen. Sie hatte vor, den Mann nach Deutschland einzuladen. Die mir eigene Neugier verleitete mich dazu, das Dokument ein wenig genauer unter die Lupe zu nehmen – mich traf der Schlag: Der „erfolgreiche 40-jährige algerische Geschäftsmann" war in Wahrheit ein 21-jähriger Student aus Oran. Mit meiner Contenance war es dann auch schlagartig vorbei.

Angesprochen auf den Altersunterschied und dass der Mann fast so alt ist wie mein Sohn und damit ihr Enkel sein könnte, antwortete sie, das sei ihr egal, sie wolle noch ein paar schöne Jahre haben. Auch dem offensichtlichen Ansinnen des jungen Mannes, nämlich nach Deutschland zu kommen, stand sie absolut aufgeschlossen gegenüber.

Im Jahr 2009 feierte ich ausnahmsweise mal meinen Geburtstag in einem etwas größeren Umfang. Freunde, die man längere Zeit nicht mehr gesehen hatte und ein Großteil der Familie wurden zu einer rustikalen Feier im Zelt mit Bier und Grillfleisch eingeladen. Natürlich war Gertraud auch mit von der Partie. Sie kam gegen 15:00 Uhr des Tages, um uns evtl. noch etwas mit zur Hand zu gehen – daraus wurde allerdings nichts: Sie hatte ständig nur ihr Handy im Auge und schrieb pausenlos SMS. So auch als ich am Abend meine Begrüßungsrede an die Gäste hielt – ständig piepste ihr Handy und sofort wurde irgendwas eingetippt. Die Begeisterung der Familie hielt sich in Grenzen.

In der Folgezeit reiste sie mehrfach nach Algerien, etwa alle 2 Monate für 2-3 Wochen.

Während ihrer Abwesenheiten haben wir regelmäßig Gertrauds Tiere aufgenommen – einen Hund und einen Papagei. Der Deal war, dass Schwiegermutter im Gegenzug dafür unseren Hund aufnehmen würde, wenn wir in den Sommerurlaub reisen.

Gertraud hat übrigens nie unseren Hund beaufsichtigt. Im Gegenteil: Sie hat 5 Tage vor einem geplanten Urlaub abgesagt mit der Begründung, sie müsse ganz schnell nach Algerien – A. ginge es nicht gut. Netterweise hat eine ältere Dame aus dem Bekanntenkreis unseren Hund während der Zeit aufgenommen – sonst hätten wir den Urlaub stornieren müssen (Hundepension wäre übrigens keine Alternative gewesen!).

Dass Reisen nach Algerien nicht zum Nulltarif zu haben sind, ist im Allgemeinen ja bekannt. Somit wurde es für Schwiegermutter zunehmend schwieriger, ihren finanziellen Verpflichtungen nachzukommen.

So wurden wir von Gertraud gebeten, ihr Gehalt auf eines unserer Konten überweisen zu lassen, damit bei ihr keine Kontopfändung möglich war. Es ist schließlich Familie – also haben wir eingewilligt. Ihr Gehalt wurde auf eines unserer Konten überwiesen und wir haben es Gertraud dann in bar ausgezahlt. Dass das illegal und eine Form der Geldwäsche ist, haben wir erst viel später von einem guten Bekannten bei der Polizei erfahren.

Ihr Internetzugang wurde in der Folge dann auch gesperrt.

Daraufhin wurden wir gefragt, ob Schwiegermutter denn „mal" unseren Zugang nutzen könne. Natürlich wurde das von uns bejaht, jedoch mit der Auflage verbunden, nicht mit Algerien zu telefonieren; weniger aus Kostengründen, sondern eher aufgrund meines Berufes, der Verbindungen nach Algerien ausschließt. Aus dem „mal den Internetzugang benutzen" wurde schnell ein täglicher Besuch von mehreren Stunden Dauer. Das beeinträchtigte dann auch schon nachhaltig das Familienleben. So bat meine Frau ihre Mutter, ihre Besuche merklich zu reduzieren – sie kam dann nur noch an fünf Tagen in der Woche.

Zum Jahreswechsel 2009 auf 2010 befand sich Gertraud mal wieder bei ihrem „Habibi" in Algerien.

Am Vortag des Silvestertages bekamen wir einen „Liebesbrief" von Gertrudes Hausbank. Meine Frau war nach dem Tod ihres Vaters gemäß der gesetzlichen Erbreihenfolge als Miteigentümerin im Grundbuch eingetragen.

Aufgrund der miserablen finanziellen Situation meiner Schwiegermutter wurde das Hypothekendarlehen nicht mehr bedient. Die Bank forderte meine Frau auf, einen Plan zur Rückzahlung der Schulden vorzulegen. Mir ist in dem Moment der Kragen geplatzt. Warum sollen wir für Gertrauds Schulden aufkommen?

Ihr Gehalt lief ja noch über eines unserer Konten – ergo: Wir haben einen Teil des Geldes erst einmal einbehalten, um ggf. die ersten Raten bedienen zu können. Natürlich haben wir uns zuvor anwaltlich beraten lassen.

Übrigens: Damit Schwiegermutter auch im Ausland leben kann, haben wir ihr Gehalt mittels Western Union nach Algerien überwiesen.

Nun haben wir ihr aber nur etwa die Hälfte des sonst üblichen Betrages überwiesen. Prompt bekamen wir einen Anruf, warum dem so sei. Wir erklärten ihr die Situation und sie erklärte sich einverstanden – wir waren erst einmal beruhigt.

Etwa eine Stunde nach diesem Telefonat erhielt meine Frau eine SMS. In dieser wurde sie von Gertraud wüst beschimpft. Es sei ihr Geld, wir würden unterschlagen und betrügen, was sie denn für eine Tochter sei usw.

Die Antwort von uns war kurz und knapp: Das Geld wird zur Tilgung ihrer Schulden eingesetzt – wir werden es nicht aus unserem Einkommen bezahlen. Funkstille.

Silvester 2009 – der Geburtstag meiner Frau – klingelte während des Frühstücks ihr Handy. An der Nummer war zu erkennen: Schwiegermutter. Aha – dachten wir – da sind also die Glückwünsche aus der Ferne – von wegen: Die SMS sagte im gebrochenen Deutsch aus, dass Schwiegermutter sehr krank und gerade noch rechtzeitig gefunden worden sei und sich jetzt in einem Krankenhaus befände. Wie Christen ihren Nächsten so etwas antun könnten –bla bla bla.

Was mich stutzig machte: Die SMS war zwar übersät mit Rechtschreibfehlern, grammatikalisch aber im Großen und Ganzen in Ordnung. Der Wahrheitsgehalt der SMS war aus mehreren tausend Kilometern Entfernung natürlich nicht so ohne weiteres zu überprüfen.

Also wurde die Deutsche Botschaft in Algier eingeschaltet und über die Umstände informiert. Um keine Zeit zu verlieren, haben wir die Deutsche Rettungsflugwacht in Kenntnis gesetzt. Diese sagten zu, einen Ambulanzjet vorzubereiten, sie bräuchten aber noch Details: Krankenhaus, Art der Krankheit, behandelnder Arzt etc. Wir sagten zu, diese Informationen sofort nachzuliefern, sobald die Botschaft uns zurückruft.

Einen Tag später, am Neujahrsmorgen 2010: Wir machten gerade einen Waldspaziergang um meinen Kater zu vertreiben – klingelte das Telefon. Die Deutsche Botschaft Algier rief an. Man teilte uns mit, dass Gertraud zusammen mit ihrem A. beim Tee angetroffen worden sei und sich bester Gesundheit erfreue. Nach vielen Worten der Entschuldigung und noch mehr

Worten des Dankes wurde das Gespräch beendet. Das war der Moment, wo mir der Hemdkragen echt zu eng wurde – aber: Blut ist immer noch dicker als Wasser. Dennoch war das Verhältnis zwischen Gertraud und mir anschließend ziemlich frostig.

Als ich ein paar Wochen später die Telefonrechnung erhielt, traf mich der Schlag erneut: Telefongespräche nach Algerien! Meine Schwiegermutter darauf angesprochen, reagierte diese mit Entrüstung und wüsten Beschimpfungen und der Kontakt zu uns wurde erst einmal abgebrochen.

Ich hatte danach versucht, den jungen Mann von seinem offensichtlichen Vorhaben abzubringen und nahm via Skype Kontakt zu ihm auf. Mit der folgenden Reaktion hatte ich allerdings nicht gerechnet.

Sinngemäß sagte er mir, er wisse, was ich beruflich mache und er würde mir Schaden zufügen und mir und meiner Familie körperliche Gewalt antun. Mich selber hat das weniger beeindruckt, aber um meine Familie habe ich mir dann doch erhebliche Sorgen gemacht. Also wurde das Haus mit moderner Überwachungstechnik ausgestattet. Die Polizei, die Ausländerbehörde und die Deutsche Botschaft in Algier wurden nicht nur über die Drohung, sondern auch über den Verdacht, dass A. sich durch eine Ehe mit einer wesentlich älteren Frau einen

Aufenthaltstitel in Deutschland erschleichen möchte, in Kenntnis gesetzt.

Wie wir zwischenzeitlich erfahren haben, hat Schwiegermutter ihren algerischen Lover in seiner Heimat geheiratet. Um ihn bei Laune zu halten, hat sie ihn und seine Familie mit Geschenken überhäuft. Auch dafür ist ein nicht unerheblicher monetärer Aufwand zu betreiben.

Bedingt durch die vielen Reisen nach Algerien waren die ihr zustehenden Urlaubstage schnell verbraucht und Krankschreibungen mittlerweile eine Regelmäßigkeit. Eine gewisse Zeit hat sich das der Arbeitgeber noch angeschaut, nach der x-ten Krankschreibung aber Gertraud am Flughafen begrüßt und ihr die fristlose Kündigung persönlich überreicht.

Natürlich wurden wir für den Verlust der Arbeitsstätte verantwortlich gemacht. Nach Gertrauds Meinung sollen wir den Arbeitgeber über ihre falschen Krankschreibungen informiert haben. Einen eingeforderten Beweis ist sie uns übrigens bis heute schuldig.

Die aussichtslose finanzielle Situation meiner Schwiegermutter dramatisierte sich zusehends. Die Bank stand meiner Frau fast wöchentlich auf den Füßen. Nach vielen Gesprächen mit der Bank konnten wir diese davon überzeugen, meine Frau aus der Haftung zu entlassen und das Haus zwangsversteigern zu lassen, was im Juli 2012 dann auch geschah.

Zwischenzeitlich hat mein neuer Schwiegervater ein Visum zur Familienzusammenführung in Algerien beantragt. Dieses wurde jedoch aufgrund verschiedener Vorgänge, u. a. die Bedrohung meiner Familie und meiner Person, abgelehnt. Daraufhin wurde seitens meiner Schwiegermutter eine Schlepperbande beauftragt, die den Mann von Algerien nach Griechenland brachte, wo meine Gertraud ihn abholte und illegal nach Deutschland einschleuste.

Kaum in Deutschland angekommen, hat der Mann über einen eingeschalteten Anwalt einen Antrag auf vorläufigen Rechtsschutz gestellt und erhielt so einen Duldungsstatus.

Gertraud war nun arbeitslos, bekam eine kleine Witwenrente und musste putzen gehen, um den Lebensunterhalt zu sichern. A. dagegen konnte und wollte nicht arbeiten, was an dem verwahrlosten Grundstück deutlich zu erkennen war.

Von den Nachbarn und Bekannten erfuhren wir, dass A. grundsätzlich nicht vor dem Mittagessen aufstand und zu körperlicher Arbeit offenbar nicht in der Lage war.

Die kleine Witwenrente und der Nebenjob als Putzhilfe waren aber immer noch nicht ausreichend, um den Lebensunterhalt für 2 Personen zu bestreiten. So ein junger Mensch braucht ja auch Dinge des alltäglichen Lebens, um in Deutschland überleben zu können. Sei es ein moderner Laptop, ein oder zwei Smartphones, häufige Telefongespräche nach Algerien und natürlich Designerkleidung. Ohne letztere kann Mann ja nicht auf die Straße gehen.

Also wurden Freunde und Bekannte angepumpt, versehen mit vollmundigen Versprechungen bezüglich der Rückzahlung. Eines muss ich Gertraud ja lassen: Sie kann sehr überzeugend argumentieren. So hat ihr eine schwer krebskranke Nachbarin über 300 Euro geliehen – auf das Geld wartet sie heute noch – und sie bräuchte es wirklich dringend!

Er lebte also bis zur Zwangsversteigerung des Hauses meiner Schwiegermutter in unmittelbarer Nähe zu meiner Familie, was mich nachhaltig beunruhigte. Polizei und Ausländerbehörde wurden ständig von mir kontaktiert, einerseits wollte ich nicht mit der ständigen Bedrohung leben, andererseits konnte ich nicht glauben, dass ein illegal Eingereister unbeschwert vor meiner Haustür leben kann, ohne dass dies Konsequenzen für ihn hat. Geändert hat sich allerdings nichts, man könne erst dann tätig werden, wenn etwas passiert.

Gertraud kämpfte weiterhin um die Legalisierung ihres Ehemannes. Dabei hat sie mehrere Anwälte verschlissen, bis sie einen gefunden hat, der sich ihres Problems annahm und mehrfach die Deutsche Botschaft in Algier, sowie die AHB angeschrieben hat. Genützt hat es wenig: Der Antrag sei in Bearbeitung. Dieser Anwalt hat auch am Tag von A.s illegaler Einreise einen Antrag auf Rechtsschutz gestellt.

Ich kämpfte auch, allerdings mit einem anderen Ziel: der Abschiebung meines jugendlichen Schwiegervaters. Diese Aktivität blieb Gertraud nicht verborgen. In den selten gewordenen Telefonaten zwischen ihr, meiner Frau und mir kam es sofort von ihrer Seite zu wüsten Beschimpfungen und das Gespräch endete stets mit der Drohung, uns zu verklagen – weswegen auch immer. Auffällig war, dass die meisten Sätze mit „A. hat gesagt ..." begannen. Dazu möchte ich anmerken, dass A. behauptet hat, die deutsche Sprache studiert zu haben, das Ergebnis war allerdings gut überschaubar und lag nicht in dem Bereich, in dem man eine einigermaßen sinnvolle Unterhaltung mit ihm führen konnte. Tatsächlich wurde ich dann auch eines Tages von der Kriminalpolizei vorgeladen – gegen mich lag eine Anzeige wegen Urkundenfälschung, Belästigung und Falschaussage vor. Da keine der Beschuldigungen zutreffend war, ging die Angelegenheit aus wie das Hornberger Schießen.

Meine Bemühungen, den illegal Eingereisten wieder in sein Heimatland zu verbringen, hatten leider denselben Ausgang. Trotz diverser Schreiben an die Ausländerbehörde, das Auswärtige Amt, die Deutsche Botschaft in Algier und einer Petition an den für Gertrauds zuständigen Landtag lebt A. immer noch hier in Deutschland. Auch habe ich A. wegen Fahrens ohne gültige Fahrerlaubnis angezeigt – selbst bei einer Polizeikontrolle ist nichts passiert. Aussage der Polizei: Wenn die Sache bei der ABH liegt, brauchen wir ja nicht tätig werden. Er wird wohl auch nicht zur Fahndung ausgeschrieben, bis das Berliner Gericht entschieden hat.

Inzwischen sind die beiden irgendwo in Deutschland untergetaucht.

Aus Berichten Dritter wissen wir, dass mein neuer Schwiegervater mittlerweile zu einem aggressiven Monster mutiert ist, dem auch gerne „mal die Hand ausrutscht".

Fazit: Meine Schwiegermutter hat ihre eigene Familie zerstört. Ihre drei Kinder wollen sie nicht mehr sehen, drei ihrer Enkelkinder haben kein Interesse an ihrer Oma, zwei Enkelkinder kennen ihre Oma nicht, das Haus verloren, alle Freunde verloren und einen Ehemann, der sie verprügelt – was für eine Bilanz!

Von der deutschen Justiz habe ich mir auch mehr versprochen. Alle Fakten waren und sind bekannt, trotzdem kann sich A. hier frei bewegen. Für mich ein unverständlicher Zustand. Ich stelle mir die Frage: Leben wir in einem Rechtsstaat oder in einem Rechtsmittelstaat? Täterschutz vor Opferschutz? Warum muss immer erst etwas passieren, damit etwas passiert? Ist es so unverständlich, wenn man in seinem eigenen Land ungern von Menschen mit Migrationshintergrund bedroht wird? Was würde man mit mir in Algerien machen, wenn ich so agieren würde wie A.?

Das hat nichts mit Ausländerfeindlichkeit zu tun – viele unserer Freunde und Bekannten haben eine andere Religion als wir – die Diskussionen sind immer wieder eine Bereicherung – aber Menschen, die sich auf Kosten anderer hier niederlassen, kriminell werden und denen gegenüber der Staat wissentlich nichts unternimmt? Hallo – das kann es doch wohl nicht sein!

Die Aufrüstung mit moderner Überwachungstechnik hat zumindest dafür gesorgt, dass die üblichen Kleinkriminellen, die sich sonst Jahr für Jahr an unseren Blumenbeeten bedient haben, einen weiten Bogen um unser Grundstück machen.

Wir selber kommen langsam wieder etwas zur Ruhe und das Thema Schwiegermutter ist nicht mehr Tagesgespräch, aber es hat uns mehr als 4 Jahre nahezu täglich begleitet, in Teilen sogar unser Leben bestimmt.

Jetzt hoffen wir auf die schnelle Ausweisung meines Schwiegervaters! Wie wir danach mit Gertraud umgehen werden, wird die Zeit zeigen.

*

Islam und Bezness

Die Frage, die am meisten in einschlägigen Foren gestellt wird: Was hat Bezness mit dem Islam zu tun?

Nun, diese heiß diskutierte Frage erhitzt nicht nur die Gemüter, sondern ist auch immer wieder Streitpunkt zwischen „Gutmenschen", Konvertiten und Betroffenen. Moslems, islamfreundliche Menschen und Konvertiten bestreiten vehement eine Verbindung zwischen Bezness und dem Islam. Sie haben Recht. Bezness hat im Prinzip nichts mit dem Islam zu tun. Beznesser handeln nicht aus religiösen Motiven. Eine Verbindung zwischen Bezness und Islam besteht nur in der Argumentation des Beznessers, der seinen Glauben dazu benutzt, seine Untaten zu rechtfertigen. Gänzlich lässt sich Bezness allerdings nicht vom Islam abkoppeln, schon allein deshalb nicht, weil vordergründig die Tatsache im Raum steht, dass Bezness hauptsächlich in islamisch geprägten Ländern praktiziert wird. Tunesien, die Türkei und Ägypten sind wegen der preisgünstigen Pauschalangebote nun mal die bevorzugten Reiseländer der Europäer.

Dazu kommt, dass die Frau im Islam von jeher keine „Respektsperson" ist und eine europäische Frau in den Augen moslemisch erzogener Männer mit ihrer, in ihren Augen freizügigen Erziehung (leicht gekleidet, rauchend) sowieso eine „Schlampe" ist. Bei uns denkt sich niemand etwas dabei, wenn eine Frau einem Mann in die Augen sieht, ihn zum Kaffee einlädt oder ihm deutlich zeigt, dass er ihr gefällt. In deren Tradition, die oft mit dem Islam in einen Topf geworfen wird, sind das Gründe, eine Frau zu verachten und ggf. dafür zu bestrafen. Gräbt man etwas tiefer in der Scharia (Islamisches Gesetz), so stößt man aber auch im Koran auf Suren, die ausdrücklich erlauben, einen Ungläubigen zu belügen oder zu betrügen (siehe Quellennachweise). Wohlgemerkt, ein anständiger Moslem würde das nicht tun, ein Beznesser dagegen benutzt seine Religion als praktische Ausrede. Ich weise hier nochmals darauf hin, dass wir uns hier ausschließlich auf Beznesser beziehen. Kein Wunder also, dass sich so mancher Beznesser einerseits im Recht fühlt und sich keiner Schuld an dem Betrug an einer „schlechten Frau" bewusst sein will, andererseits schreckt er aber auch nicht davor zurück, seine eigenen Glaubensbrüder und Schwestern zu betrügen, wenn es zu seinem Vorteil ist – die kriminelle Energie ist bei Beznessern also sowieso vorhanden.

Der betrogene Mann im nächsten Absatz sagte mir in Tunesien, das sei die „Arabische Mentalität", was ich aber so pauschal nicht ganz glauben mag. Dennoch will ich hier ein Beispiel geben:

Ich kannte in Tunesien einen einheimischen Mann, der zwanzig Jahre in der Schweiz als Krankenpfleger gearbeitet hatte, mit einer Schweizerin liiert war und jeden entbehrlichen Franken gespart hatte, um sich später in Tunesien ein Café zu kaufen und ein schönes Leben zu haben. Das Geld gab er seinem Bruder in jedem Heimaturlaub in bar, damit dieser es für ihn aufbewahrte. Als es dann soweit war, suchte er in seinem Urlaub nach der passenden Lokalität in der Stadt, beauftragte seinen Bruder, den Kauf für ihn abzuwickeln und flog zurück, um die letzten Monate vor seiner Rente zu arbeiten. Als er dann endgültig mit seiner Lebensgefährtin in seine Heimat kam, hatte der Bruder das Café auf seinen eigenen Namen gekauft und dem „Schweizer Bruder" den Zutritt verweigert. In einem Prozess behauptete der Betrüger, sein Bruder habe ihm das Geld geschenkt. Ein anderer Bruder und die Schwestern, die wohl bestochen wurden, bestätigten es. Der Mann hatte alles verloren, wovon er zwanzig Jahre lang geträumt hatte. Er ging zurück in die Schweiz und lebte dort von seiner Rente. Seine Familie hat er seither nicht wieder gesehen. Auch das ist Bezness, denn Bezness ist Betrug, egal wie und wo es stattfindet.

Von solchen und ähnlichen Geschichten habe ich immer wieder gehört und erst als ich in der eigenen tunesischen Familie diesen Betrug untereinander miterleben musste, waren all die anderen Geschichten plötzlich Realität. Ich konnte mir vorher überhaupt nicht vorstellen, dass Brüder so miteinander umgehen. Ich kam zu dem Schluss, dass ein Großteil der arabischen Menschen ohne Werte und Moral (so wie wir sie kennen) aufgewachsen sind. Auch das Wort Respekt hat nach meinen Beobachtungen in der muslimischen Welt eine ganz andere Bedeutung als bei uns. Respekt und auch Ehre verbindet man nur mit sich selbst und hat eher mit purem Egoismus, als mit Achtung vor anderen Menschen zu tun.

Man muss den Koran und die Denkweise der Moslems verstehen, um diese Schlussfolgerung auch so hinnehmen zu können. Daran sind bereits zahlreiche Islamwissenschaftler gescheitert. Immer wieder kommt es vor, dass diese z. B. in Talkshows, in denen es um den Islam geht, völlig falsche Beurteilungen abgeben. Über die Aussagen einiger Politiker, die bei Jauch, Maischberger und Co. zum Thema eingeladen sind, kann ich nur den Kopf schütteln und in mich hinein denken, *„die haben doch keine Ahnung."* Die euphorischen Multi-Kulti-Aussagen, bar jeder Realität, speziell einiger grünen und linken PolitikerInnen sind für mich unerträglich.

Ein Tourist, auch wenn er mehrere Jahre die arabischen Länder bereist hat, wird niemals hinter die vermeintlich freundliche Fassade der Einheimischen blicken. Nach außen hin sind viele überaus gastfreundlich, überdurchschnittlich kinderlieb und vor allem geben sie sich sehr westlich. Niemals aber würden sie einem Fremden oder einer Fremden echte Familien-Interna erzählen, vor den Augen eines Fremden ihre Kinder schlagen bzw. ihre Frauen und Schwiegertöchter wie Sklavinnen behandeln. Sie sprechen von Ehre und Respekt, meinen aber etwas ganz anderes als wir. Nur wer mehrere Jahre mit und unter Moslems gelebt hat, kann beurteilen, wie diese wirklich ticken. Wohl niemand kann das authentischer beurteilen als all die Männer und Frauen, die hier ihre wahren Geschichten erzählen oder jahrelang in diesen Ländern gelebt haben.

Nur wer unter ihnen gelebt hat, kann auch z. B. beurteilen, wie man in diesen Familien mit dem Thema *Verlust eines Familienangehörigen* und dem Tod umgeht. Selten habe ich echte Trauer erlebt. Bezeichnend ist, dass man auch heute noch Klageweiber zu den Beerdigungen ruft, die man dafür bezahlt, dass sie Trauer und Schmerz vortäuschen. Auch habe ich miterlebt, dass sich zwei Väter finanziell einig wurden und auf die Polizei verzichteten, als man ein Kind tödlich überfahren hat. (Ein Junge kostet mehr als ein Mädchen.)
Bei uns würde in jedem Fall bei einem Tötungsdelikt, auch bei Unfall, ein Verfahren stattfinden. Oder, dass eine junge Mutter, die einen Kaiserschnitt benötigte, um ihre Zwillinge auf die Welt zu holen, jämmerlich verbluten musste, weil ihr Mann ihr die nötige Bluttransfusion verweigerte. Über die sogenannten Ehrenmorde

müssen wir hier gar nicht reden. Es ist in unseren Augen absurd und einfach nur unmenschlich, ein junges Mädchen hinzurichten, nur weil sie sich nicht der Tradition unterwirft oder weil sie sich in einen „Ungläubigen" verliebt hat. Die Bedeutung eines Menschenlebens ist in arabischen Ländern eine andere als bei uns.

Bei **1001Geschichte** haben wir zweimal miterleben müssen, dass junge deutsche Frauen sterben mussten, weil sie ihren Männern nicht gehorchten. Ein Beispiel: Geschichte 204 bei 1001Geschichte.

Fanatismus gefährdet die Prävention

Mehr noch als die Beznesser selbst wehren sich aber manche deutsche, zum Islam konvertierte Frauen gegen den Vorwurf des Betruges ihrer Glaubensbrüder, wenn Frauen ihre Beznesser anklagen. Schlimmer als die Betrüger selbst, versuchen einige unter ihnen (es sind meist religiöse Fanatikerinnen) immer und immer wieder, sich bei 1001Geschichte.de und anderen Foren einzuschleichen um Entschuldigungen für das Verhalten ihrer „Brüder" zu finden und Bezness-Opfer als Sextouristen hinzustellen. Geht man nicht auf ihre Argumente ein (so oft geschehen im Forum 1001Geschichte), so werden sie „giftig" und scheuen auch nicht davor zurück, verbal gegen die Betroffenen und sogar den Verein vorzugehen.

Hierbei werden z. B. Blogs eröffnet, welche die angeblichen Wahrheiten von 1001 Geschichte ans Licht bringen sollen.

Eine Wahrheit, die fanatische Konvertiten als gegeben ansehen und an der aus ihrer Sicht genauso wenig zu rütteln ist wie am Koran selbst, ist, dass weibliche Bezness-Opfer „schlechte Frauen" ohne Glauben sind, die sich an keine Gesetze halten. Gemeint ist natürlich die Scharia, die für Nichtmuslime, zumindest was die Frauen-Frage im Islam angeht, so wie für viele westlich aufgewachsene Frauen nicht nachvollziehbar ist. Viele konvertierte Frauen unterwerfen sich den strengen Regeln des Koran (im Gegensatz zu manch geborener Muslima), in der jede Handlung vorbestimmt ist und ist sie noch so unbedeutend. In meinen Augen ist das Fanatismus. Gute Beispiele dafür, womit sich zum Islam konvertierte Frauen beschäftigen, geben mittlerweile zahlreiche Islam-Foren für Frauen.

Zu Recherchezwecken habe ich mich in einem dieser Foren registriert. Man kann nur staunen, wie sich viele dieser Frauen von selbstständig denkenden, emanzipierten Frauen zu unterwürfigen Sklavinnen verwandelt haben, die sich z. B. haargenau vorschreiben lassen, wie sie mit ihrer Monatsblutung umzugehen haben und vorbehaltlos akzeptieren, dass sie während dieser Zeit „unrein" sind. Ganz offen schreiben sie aber auch darüber, was sie alles tun oder nicht tun, um ihrem Herrn und Gebieter zu gefallen und ihm eine gute Ehefrau zu sein. Dabei vergessen die meisten konvertierten Frauen, dass sie vor ihrem „Allah u Akbar - Bekenntnis" ja auch nicht anders als wir waren. Auch sie gingen mit Sicherheit nicht als Jungfrauen in die Ehe. Teilweise hatten sie sogar schon Kinder, als sie die Ehe und den Glaubenswechsel vollzogen haben. Dennoch, diese Hardcore-Konvertitinnen haben wohl eine andere Sichtweise, die ich selbstverständlich akzeptiere. Gefallen muss sie mir nicht. Möge jeder gerne nach seiner Überzeugung leben – nur sollen sie bitteschön Andersdenkenden auch ihre Meinung lassen und einfach mal akzeptieren, dass Bezness-Opfer keine Sextouristen sind.

Die Frauen, die aus Liebe zu ihrem Mann konvertiert sind und später merken, dass das doch nicht so ihren Vorstellungen entspricht, ignorieren die Scharia meist, leben ihr Leben mit kleinen Kompromissen und Zugeständnissen der islamischen Familie gegenüber. Sie kehren nach und nach in ihr altes Leben zurück, wenn sie merken, dass es dem Mann gar nicht so wichtig ist und er sie ohnehin lieber in moderner, schicker Kleidung und ohne Kopftuch sehen möchte. Diese Beziehungen sind aber meist nicht auf Bezness und Betrug aufgebaut, sondern ganz normale bi-nationale Ehen, die es eben glücklicherweise auch gibt. Aber von denen kann ja hier nicht die Rede sein. Ich möchte in diesem Buch über das Phänomen Bezness und die Nebenwirkungen berichten. Zum Islam konvertierte Frauen, die einen Beznesser zum Opfer gefallen sind, kehren meist später, wenn sie ihr Martyrium und die Scheidung hinter sich haben, wieder zu einem Leben ohne Islam zurück.

Nur der Ordnung halber: Insgesamt konvertierten in Deutschland bis heute laut Islamarchiv (Quellennachweise) in Soest rund 25.000 deutsche Männer und Frauen zum Islam. Der Frauenanteil liegt bei zwei Drittel. Also rund 16.000 Frauen in Deutschland haben zum Islam gewechselt.

Im Folgenden eine Geschichte einer jungen Frau, die glaubte, ihr könne es nicht passieren, da sie doch schon vorher zum Islam konvertiert war.

Wahre Geschichte Nr. 14 – Marion
Er hatte mich gebrochen

Meinen algerischen Mann lernte ich in Deutschland kennen. Er kam über Frankreich mit einem 3-Monats-Visum, das er über Beziehungen erhielt (ein Verwandter von ihm ist im Staatsdienst) nach Deutschland. Ich habe ihn schon bald nach unserem Kennenlernen, ich war gerade 18 Jahre alt, geheiratet, natürlich weil ich ihn liebte, aber auch, um meinem Elternhaus mit einem übermächtigen Vater zu entfliehen. Bezness war zu diesem Zeitpunkt wohl noch nicht im Spiel, ich hatte ja gerade erst meine Ausbildung begonnen. Die ersten Ehejahre verliefen einigermaßen normal – mit Höhen und Tiefen, die wohl in jeder Ehe vorkommen. Sein Glaube war für mich kein Problem, ich bin schon bevor ich ihn kennenlernte aus freien Stücken zum Islam konvertiert.

Nach unserer Heirat haben wir sehr sparsam gelebt. Jeder Pfennig, den wir erübrigen konnten, wurde nach Algerien geschickt, weil mein Mann dort eine Existenz für uns aufbauen wollte. Er hatte den Plan, ein größeres Haus zu errichten, in dem er ein Ladengeschäft betreiben wollte. Das Haus ist bis heute nicht fertig und seine Pläne über die Art seiner Tätigkeit in Algerien wurden zunehmend verworrener.

Die eigentlichen und schwerwiegenden Probleme begannen mit der Geburt unseres ersten Kindes nach sieben Jahren Ehe. Mein Mann zeigte auffallend wenig Interesse an mir und unserer Tochter. Das Kind kam viel zu früh auf die Welt, mir ging es gesundheitlich sehr schlecht, mein Mann ignorierte das und ging immer häufiger in die Moschee. Die einzige Unterstützung bekam ich von meiner Mutter (mein Vater war zu diesem Zeitpunkt bereits verstorben).

Nach vierzehn Monaten wurde unsere zweite Tochter, ebenfalls ein Frühchen, geboren. Gesundheitlich war ich wieder sehr angegriffen und lag einige Tage auf der Intensivstation. Mein Mann kümmerte sich weder um die Kinder noch um mich. Hilfe bekam ich wieder nur von meiner Mutter.

Obwohl es uns finanziell jetzt erheblich besser ging, mein Mann hatte einen unbefristeten Arbeitsvertrag, hatte ich wenig Geld zur Verfügung, es wurde weiterhin eifrig für das Haus in Algerien gespart. Ich bekam mein Haushaltsgeld zugeteilt und musste damit auskommen. Mein Mann entfernte sich immer weiter von seiner Familie, seine Gänge in die Moschee wurden häufiger. Je älter die Kinder wurden, desto mehr bestimmte der Islam unser Leben. Wir hatten zwar einen Fernseher, sollten und durften jedoch nur arabische Sender mit religiösem Hintergrund sehen. Mein Mann erwartete, dass unsere Kinder streng nach dem Islam erzogen werden und schon früh den Koran auswendig lernen. Beide Mädchen durften nicht in den Kindergarten, hatten kaum Kontakt zu anderen Kindern, was sich in der Entwicklung deutlich bemerkbar machte.

Die schleichende Unzufriedenheit meines Mannes mit seinem Leben hier in Deutschland bestimmte unseren Alltag. Er idealisierte das Leben in seiner Heimat und machte damit mein Leben fast unerträglich. Ständig wurde ich kritisiert, machte alles falsch, hatte einfach an allem Schuld. Besonders wenn es um die Kinder ging, kam es häufig zu Vorwürfen, da sie noch nicht genügend Suren gelernt hatten, nicht ausreichend Arabisch sprachen und die Erziehung ihm zu westlich war. Ich konnte ihm nichts recht machen, obwohl ich mittlerweile vor der völligen Selbstaufgabe stand und nur noch ein Schatten meiner selbst war. Soziale Kontakte hatten wir kaum, außer mit meiner Mutter konnte ich mit niemanden reden. Ich war von der Außenwelt abgeschnitten.

Als unsere Große vier Jahre alt war, fing mein Mann an, konkrete Pläne für unser weiteres Leben zu schmieden. Wir sollten in diesem Jahr nach Algerien auswandern, weil beide Kinder dort eingeschult werden sollten. Da das Haus noch nicht fertig war (und immer noch nicht ist), wollte er ganz selbstverständlich von meiner Mutter wissen, wie viel Geld sie uns mitgeben könne, geschenkt natürlich, nicht geliehen. Genauso selbstverständlich hat er am Anfang unserer Ehe erwartet, dass sie uns finanziell unterstützt, da er zu diesem Zeitpunkt nicht regelmäßig gearbeitet hat.

Das Kinder- und Elterngeld ging auf ein separates Konto – es wurde für unsere Zukunft in Algerien gespart. An Integration hier in Deutschland war mein Mann überhaupt nicht interessiert. Nach 15 Jahren Aufenthalt konnte er zwar relativ gut Deutsch sprechen und verstehen, jedoch weder schreiben noch lesen. Die deutsche Staatsangehörigkeit hat er nie beantragt.

Meine Einwände, dass es den Kindern hier in Deutschland besser ginge, wurden nicht beachtet. Mein Mann sah unsere Zukunft ausschließlich in einem muslimischen Land.

Unsere Ehe wurde für mich immer unerträglicher, Gefühle für meinen Mann waren längst auf der Strecke geblieben, ich funktionierte nur noch. Dazu kam die Angst um meine Töchter. Es kristallisierte sich immer mehr heraus, dass er auf alle Fälle mit ihnen nach Algerien geht – auch ohne mich. Ich war verzweifelt und verängstigt. Gespräche mit meinem Mann, egal worüber, waren nicht mehr möglich. Als ich diesem Druck nicht mehr standhalten konnte, habe ich nach einem Ausweg, der für mich nur Trennung heißen konnte, gesucht und bin auf das Forum 1001Geschichte gestoßen. Ich habe einige Tage dort meine Probleme geschildert und mich dann an eine Ansprechpartnerin gewandt. Danach ging alles ganz schnell. Ich bin mit meinen Kindern in ein Frauenhaus gegangen, habe die Scheidung eingereicht und bereue nichts. Ich bin froh, dass ich diesen Schritt mit ganz viel Unterstützung der Ansprechpartnerin von **1001Geschichte** gegangen bin. Meine Kinder entwickeln sich prächtig, gehen gern in den Kindergarten und holen all das nach, was ihnen bis dahin vorenthalten war. Ich führe jetzt ein selbstbestimmtes Leben und habe Freude daran. Mir ist bewusst, dass noch ein steiniger Weg vor uns liegt, doch werde ich das auch schaffen, weil ich nicht allein bin, meine Mutter, die Mitarbeiterinnen des Frauenhauses und **1001Geschichte** stehen mir weiterhin hilfreich zur Seite.

*

Bezness aus der Sicht einer Ansprechpartnerin

In erster Linie sollen Ansprechpartnerinnen eine „Erste Hilfe"-Anlaufstelle sein. Die beratenden Frauen haben Bezness und die Folgeerscheinungen auf unterschiedlichste Weise erlebt und können aus ihren eigenen Erfahrungen heraus Lösungsvorschläge anbieten. Das wichtigste Merkmal ist jedoch, dass sie erst einmal geduldig zuhören können.

Wir wissen, dass Bezness als ein knallhartes Geschäft betrieben wird. Doch das Ausmaß der Spuren, die es hinterlässt, zeigt sich oft erst in persönlichen Gesprächen mit den Betroffenen.
Ich betreue seit längerem zwei Frauen, die ihre Erlebnisse zwar im Forum beschrieben haben, doch die Dimension, wie Bezness ihr Leben tatsächlich verändert hat, kam erst in unseren Telefonaten zum Vorschein.

Die ersten Gespräche mit Marion, Geschichte Nr. 14, waren eigentlich nur von Verzweiflung, Trauer und Wut bestimmt. Marions Schilderung ihrer Situation war eher konfus und wurde immer wieder von Weinkrämpfen unterbrochen. Sie hatte sich bereits zu einer Trennung von ihrem Mann entschlossen, wusste jedoch nicht, wie sie vorgehen sollte. Es wurde ganz deutlich, dass sie es nicht gewohnt war, Entscheidungen für sich und ihre Kinder zu treffen. Sie hatte sich seit vielen Jahren ihrem Mann bis zur Selbstaufgabe untergeordnet und war jetzt im wahrsten Sinne des Wortes hilflos. Lösungsvorschläge hat sie sich zwar angehört, doch immer kam ein „aber".

Da im Raume stand, dass die Kinder in das Heimatland des Vaters verbracht werden sollten, war eine Trennung aus Sicherheitsgründen nur über ein Frauenhaus möglich. Damit war Marion grundsätzlich auch einverstanden, doch die Umsetzung scheiterte einige Male an diesem „aber", bereits reservierte Zimmer im Frauenhaus mussten abgesagt werden, weil Marion der Mut verließ. Dass es letztendlich doch noch geklappt hat, lag daran, dass die Sorge um die Kinder Oberhand gewonnen hat.

In den letzten Tagen vor ihrem Auszug hatte Marion sich deutlich verändert. Sie wurde zuversichtlicher und entwickelte ein Selbstvertrauen, das ich so nicht in ihr vermutet hätte. Unsere Gespräche wurden weniger tränenreich, sogar verhalten optimistisch. Als Marion mit ihren Kindern im Frauenhaus angekommen ist, war nicht nur ich erleichtert, dass sie es geschafft hat.

In dieser Zeit hatte ich sehr viel Kontakt zu verschiedenen Frauenhäusern. Mir war nicht bewusst, wie schwierig es ist, für eine spontane Unterbringung einen Platz zu bekommen. Allerdings war ich sehr beeindruckt, wie viel Hilfe, gute Ratschläge und auch Verständnis ich dort bekommen habe. Letztendlich wurde immer ein Zimmer gefunden, wenn auch nicht in der Wunschdestination. Erschüttert war ich dagegen über die Tatsache, dass immer noch so viele Frauen Schutz in Frauenhäusern suchen müssen. Die Betreuung von Marion wurde nicht ausschließlich von mir geleistet. Im Hintergrund wurden viele Gespräche mit dem gesamten Team geführt, Lösungsvorschläge besprochen und auch ein Plan B erarbeitet, falls Plan A zu scheitern drohte. Auch wenn die Betroffenen von nur einer Ansprechpartnerin betreut werden, so heißt dies doch, dass hier als Team agiert wird.

Ingeborg hatte ganz andere Probleme. Ihre für sie harmonische Ehe endete abrupt mit der Aufenthaltserlaubnis für Deutschland ihres nordafrikanischen Mannes. Für sie völlig unerwartet verlangte ihr Mann, kurz nachdem er das ersehnte Dokument in den Händen hielt, die Scheidung. Ingeborg verstand die Welt nicht mehr.

Vor etwas mehr als vier Jahren hatte sie ihn hier in Deutschland als Student kennengelernt. Nach zehn Monaten wurde geheiratet. Ihre Eltern und ihr Freundes- und Bekanntenkreis waren von dem stets charmanten, höflichen und zuvorkommenden Mann begeistert. Es gab keinerlei Anzeichen dafür, dass diese Ehe seinerseits aus Berechnung geschlossen wurde, im Gegenteil. Er gab sein Studium mit der Begründung auf, dass er lieber arbeiten möchte, um seinen Teil zum gemeinsamen Lebensunterhalt beitragen zu können. Die Ehe verlief so wie viele andere Ehen auch, Ingeborg hatte keinen Grund, an der Liebe ihres Mannes zu ihr zu zweifeln. Dann kam die Aufenthaltserlaubnis und damit war das Ende dieser Ehe besiegelt.

Die Gespräche mit Ingeborg zeigten ganz deutlich, dass sie lange Zeit in einer Welt, die so nicht existierte, gelebt hat. Für sie war es unbegreiflich, dass sich ihr Mann über einen so langen Zeitraum so verstellen konnte, dass sie keinen Verdacht schöpfte. Unsere Gespräche waren durch Unverständnis, Trauer und Hilflosigkeit geprägt. Helfen konnte ich ihr nur durch Zuhören, zumal sie sich bereits therapeutische Hilfe gesucht hat. Vielen Ratsuchenden fällt es oft leichter einer unbekannten Person, die jedoch mit dem Thema vertraut ist, von ihren Problemen zu berichten. Ein nicht geringer Teil der Arbeit einer Ansprechpartnerin besteht aus zuhören.

Auffällig ist auch, dass sich vermehrt Männer über das Kontaktformular mit uns in Verbindung setzen. Leider scheuen sie sich immer noch, ihre Geschichten als Warnung in das Forum zu stellen, obwohl ganz deutlich ist, dass Bezness nicht nur Frauen betrifft.

Der Ablauf der Geschichten ist derselbe wie bei den betroffenen Frauen: es fängt immer mit der vermeintlich großen Liebe an und endet im Desaster.

In der letzten Zeit häufen sich auch die Meldungen über Romance Scamming. Jemand gibt sich als wohlhabender Amerikaner oder Engländer aus, der international unterwegs ist. Er ist einfühlsam, liebevoll und sehr „verliebt", stellt eine gemeinsame Zukunft in Aussicht. Und plötzlich passieren ihm, wie dem „gewöhnlichen" Beznesser auch, unvorhergesehene Katastrophen. Mal sitzt er beim Zoll in einem afrikanischen Staat fest, belegt das mit „amtlichen" Dokumenten und benötigt dringend 2000 Euro, um das Land verlassen zu können oder ihm wurde sämtliches Hab und Gut gestohlen, er steht auf dem Flughafen und kann nicht die lang ersehnte Reise zu ihr antreten. Da kann man als Ansprechpartnerin eigentlich neben dem schon beschriebenen Zuhören nichts anders tun als auf die Informationsseiten der Polizei hinzuweisen, denn dort ist dieses Vorgehen exakt beschrieben. Romance Scamming betrifft Männer und Frauen gleichermaßen.

Meine Aufgabe als Ansprechpartnerin erfülle ich gern. Es gab Zeiten in meinem Leben, da hätte ich mir von meinem Umfeld etwas mehr Verständnis für meine Situation und auch Hilfe beim Bewältigen meiner nicht unerheblichen Probleme gewünscht. „Das habe ich kommen sehen" oder „Das habe ich dir doch schon vorher gesagt" waren keine hilfreichen Kommentare. Durch das Kontaktformular, das Notfalltelefon und nicht zuletzt durch das Forum haben Betroffene eine gute Möglichkeit bekommen, sich in ihrer oft ausweglosen Situation Hilfe, auch zur Selbsthilfe, zu holen.

*

Zusammenfassung

Bevor wir dazu kommen, über Hilfe, Selbsthilfe, Zahlen, Daten und Fakten zu berichten, wollen wir zunächst anhand einer ausführlichen Zusammenfassung aufzeigen, dass Bezness nicht nur eine unmenschliche Methode ist, um an die anfangs erwähnten Ziele, Wohlstand und Aufenthaltsstatus im gelobten Land zu kommen, sondern auch, dass Bezness unüberschaubaren Schaden und Leid anrichtet, das oft noch viele Jahre lang in unterschiedlicher Weise in Erscheinung tritt.

Bezness – die Folgeerscheinungen

Nach der Trennung vom Partner geht es aufwärts – sollte man meinen. Doch die Trennung von einem Beznesser ist wesentlich komplexer als die oft erwähnte Trennung von Tisch und Bett anderer Paare, die sich auseinander gelebt haben.

Die Ehe wurde ja nicht aus dem in unserem Kulturkreis üblichen Grund, dem der gegenseitigen Zuneigung, geschlossen. Zuneigung hat nur sie empfunden, allerdings nicht zu dem Mann, den sie geheiratet hat, sondern zu dem Mann, den er vorgab zu sein. Eine gebeznesste Frau muss sich mit wesentlich mehr als dem Verlust ihres Partners auseinandersetzen.

1. Finanzieller Verlust

Während der gemeinsamen Jahre wird – angeblich – für die gemeinsame Zukunft im Heimatland des Mannes gespart. Es wird jeder Cent zweimal umgedreht, bevor er ausgegeben wird. Der Traum vom Grundstück mit prachtvollem Haus für sich und die gemeinsamen Kinder soll möglichst schnell realisiert werden. Also wird hier eifrig gespart, auf viele Annehmlichkeiten verzichtet, auf eine glückliche Zukunft hingearbeitet. Den größten Teil dieser Anstrengungen muss die Frau bewältigen, Beznesser sind sehr selten so qualifiziert, dass sie hier einer gut bezahlten Arbeit nachgehen können. Bestenfalls hat sie ein gutes Einkommen, das ihr erlaubt, einen hohen Kredit aufzunehmen, dessen Raten sie allein tilgen muss. Oft werden auch Freunde und Verwandte mit einbezogen, indem auch von ihnen Geld geliehen wird. Selbstverständlich gibt es auch Sicherheiten. Dazu werden Verträge (in einer Sprache, die sie nicht spricht) vor einem Notar (den sie ebenfalls nicht versteht) unterzeichnet und dann wird die stolze Frau dazu beglückwünscht, dass sie jetzt ein Grundstück/Haus in Tunesien, Marokko, der Türkei oder Ägypten ihr Eigen nennen darf. Sollte die Frau misstrauisch sein und eine

Übersetzung des Schriftstückes verlangen, ist das kein Problem – solange die Übersetzung in der Heimat des Mannes gemacht wird. Ein in Deutschland vereidigter Übersetzer wird schnell feststellen, dass es sich bei dem „Grundstückskauf" um einen Vertrag mit dem örtlichen Elektrizitätswerk oder der Bestätigung, dass dem Ehemann das Grundstück allein gehört und sie keinerlei Ansprüche darauf hat, handelt.

Warum fragen Frauen da nicht genauer nach, sagt man doch, dass beim Geld die Freundschaft aufhört? Die Antwort ist gar nicht so schwierig und besteht auch nicht aus dem Erklärungsversuch: „Ich habe ihn doch geliebt!" Bezness ist ein Geschäft und jeder Geschäftsmann hat großes Interesse daran, dass sein Handel floriert. Er macht sich schon im Vorwege Gedanken darüber, wie er die „Ware" (sich) am besten verkaufen und einen möglichst hohen Gewinn daraus ziehen kann. Sobald er die Zeichen einer ersten Verliebtheit bei ihr feststellt, wird der Grundstein für die „gemeinsame" Zukunft gelegt. Es wird zusammen geträumt, geplant und durch die rosarote Brille in die Ferne geschaut. Nach der Hochzeit ist man ja immer noch nicht vereint, der Antrag auf Familienzusammenführung ist an Voraussetzungen wie einem bestandenen Deutschkurs geknüpft und wird nicht an einem Tag genehmigt. Genügend Zeit, um die Sehnsucht zu schüren. Ist er dann endlich in Deutschland, wird da weiter gemacht, wo man beim letzten Treffen aufgehört hat: Man plant weiterhin die „gemeinsame" Zukunft. Sollten doch kritische Fragen gestellt werden, heißt die Antwort Liebesentzug oder „Du vertraust mir nicht". Da ihre Liebe zu ihm ja noch groß ist, belässt sie es dabei und überlegt, ob sie mit ihrer Fragerei nicht doch zu weit gegangen ist.

Nach der Trennung zahlt die verlassene Frau weiterhin die Kredite, die sie ja allein aufgenommen hat, ab und sie wird jeden Monat daran erinnert, dass sie ihr Geld buchstäblich in den Sand gesetzt hat. Oft sind viele Jahre nötig, um diesen Verpflichtungen nachzukommen.

Da der Ehemann gewöhnlich weniger verdient, kommt, sofern kein Ehevertrag besteht, nach der Scheidung der Ehegattenunterhalt und der Versorgungsausgleich hinzu.

Nicht jede Bekanntschaft, die während des Urlaubs in den orientalischen Ländern gemacht wird, endet auch in einer Ehe. Finanzielle Verluste sind trotzdem nicht selten.

Nach dem Austausch von Handynummern, Facebook Identifikationen und Skypenamen macht sie sich tränenreich auf den weiten Weg nach Deutschland, immer noch seine letzten Worte im Ohr: „Du bist die erste Frau, die ich wirklich liebe!" Kaum dort angekommen, meldet er sich schon mit einer SMS. Abends wird mit Liebesschwüren und Sehnsuchtsbeteuerungen geskypt. Wenn er sie dann an der Angel hat, sich sicher sein kann, dass sie Gefühle für ihn entwickelt hat, treffen ihn sämtliche Widrigkeiten, die das Leben zu bieten hat. Da geht völlig unerwartet der Laptop kaputt und er kann sich tagelang nicht melden. Sein Handy kann er nur selten benutzen, es ist zu alt und der Empfang damit sowieso sehr schlecht.

Währenddessen sitzt sie zu Hause und weiß vor Sorgen um ihn nicht ein noch aus. Nach langen Tagen des Wartens endlich der erlösende, sehr kurze – der Empfang ist ja so schlecht – Anruf. Ihm geht es gut, doch ohne Laptop und Handy ist keine weitere Kommunikation möglich, verständlich. Kurz darauf klappt es dann wieder mit den nächtlichen Gesprächen – sie hat eiligst einen Laptop und ein Handy geschickt.

Diese Liste ließe sich beliebig fortsetzen. Hat es einmal mit der Attacke auf die Gefühle geklappt, kommen in regelmäßigen Abständen weitere Angriffe hinzu. Unter Tränen wird erzählt, dass die Mutter/der Vater schwerst erkrankt ist und dringend operiert werden muss, wozu jedoch das Geld fehlt. Eigene Unfälle oder die naher Verwandter werden auch gern detailliert beschrieben, damit das Geld für eine Behandlung geschickt wird. Auch scheuen sich Beznesser nicht, den Tod gerade der Mutter oder des Vaters vorzutäuschen, um mit dem daraus resultierten Mitleid Geld für die „Beerdigung" zu bekommen. Nicht selten sterben dabei die betroffenen Personen mehrmals.

2. Soziale Isolation

Schon während der Kennenlern- und Skypephase achtet der Beznesser sehr genau darauf, mit wem seine zukünftige Frau Kontakt hat. Von seiner Kultur und vor allen Dingen von seiner Religion geprägt, erwartet er, dass sie sich den Gepflogenheiten seiner Heimat und somit auch ihm anpasst. In traditionell islamistischen Ländern ist es eben nicht üblich, dass Frauen allein ausgehen, sich abends mit Freunden/Freundinnen treffen. Das allein ist jedoch nicht der Grund, die Selbstständigkeit der Frau möglichst stark einzuengen. Der Beznesser hat ein Ziel vor Augen, das er unbedingt erreichen will und muss – die Aufenthaltserlaubnis. Kann sich die Frau weiterhin mit ihren Verwandten und ihrem Bekanntenkreis austauschen, ist das Erreichen dieses Zieles möglicherweise in Gefahr.

Die Bedeutung des Begriffs „Bezness" ist in Deutschland keineswegs mehr unbekannt. Seit vor zehn Jahren das Forum 1001Geschichte ins Leben gerufen wurde, wird unermüdlich aufgeklärt, über Presse und Fernsehen informiert. Es ist also nicht unrealistisch, dass die ahnungslose Ehefrau des Beznessers auf jemanden trifft, der über das Geschäft mit den Gefühlen Bescheid weiß. Das gilt es zu verhindern. Da werden Freundinnen schlecht geredet, weil sie zu kurze Röcke tragen, in Diskos gehen, einen unguten Einfluss ausüben, Familienmitglieder abgelehnt, da sie Alkohol trinken, ihn angeblich nicht akzeptieren – Argumente hat er genug. Das alles passiert schleichend, mit liebevollem Nachdruck. Letztendlich findet sich die Frau damit ab, denn zu einer bi-nationalen Beziehung gehören eben auch Kompromisse.

Mit dieser fast vollständigen sozialen Isolation hat die Frau nach der Trennung zu kämpfen. Der Mann, den sie geliebt hat, ist nicht mehr da, Bekannte, Freunde und Verwandte haben sich zurückgezogen. Zu der Trauer um eine gescheiterte Ehe kommt das Wissen, dass sie nur benutzt wurde und er sie nie geliebt hat. Hinzu kommt, dass die Frauen sich lange schämen, anderen gegenüber das Scheitern ihrer Ehe einzugestehen. Sie schämen sich vor Familie, Kollegen und Freunden, die sie oft vor dieser Ehe gewarnt haben. Die Erkenntnis, dass alle Recht hatten, ist sehr schwer zu verkraften.

Es ist nahezu unmöglich, das alles allein zu bewältigen. Die wenigsten Frauen schaffen das. Es gibt kaum ein Beznessopfer, das nicht therapeutische Hilfe in Anspruch nehmen muss, um das Erlebte zu verarbeiten.

3. Angst um die gemeinsamen Kinder

Gehen aus einer Ehe oder der Beziehung mit einem Mann aus muslimischen Ländern Kinder hervor, haben diese erst einmal nur die deutsche Staatsangehörigkeit. Allerdings ist es dem Vater möglich, bei der für sein Heimatland zuständigen Botschaft hier in Deutschland unter Vorlage der Geburtsurkunden Reisepässe zu beantragen, so dass aus den Kindern Doppelstaatler werden. Jede Mutter sollte sich darüber im Klaren sein, dass so der Mann auch ohne ihr Einverständnis die Kinder in seine Heimat verbringen kann, wenn sie nicht das Aufenthaltsbestimmungsrecht hat. Sind die Kinder erst einmal dort, hat sie keine Möglichkeit mehr, sie ohne seine Einwilligung zurück nach Deutschland zu holen. In jedem muslimischen Land gehören die Kinder immer zum Vater! Die Interessen der Mütter und im Zweifelsfall auch der Kinder werden wenig bis gar nicht beachtet.

4. Macht Bezness krank?

Sicher eine ungewöhnliche Frage, doch lässt sich die Antwort leicht finden – ja, Bezness macht krank.

Das größte Problem dürfte die Erkenntnis sein, dass man nur benutzt wurde, diese Ehe nur geschlossen wurde, weil er die Aufenthaltserlaubnis für Deutschland haben wollte.

Oft fehlen der Betroffenen der Glaube und die Fantasie um sich vorstellen zu können, dass die Liebesschwüre und die vermeintlich romantischen Stunden ausschließlich Mittel zum Zweck waren und dass Kinder nur aus Berechnung gezeugt wurden. Die Frau wurde im wahrsten Sinne des Wortes desillusioniert.

„In der Psychologie taucht der Begriff Desillusion innerhalb von Krankheitsbildern auf, die beispielsweise direkt oder indirekt mit Depressionen, Dissoziationen oder Borderline zu tun haben. Er bezeichnet hier oft den Zusammenbruch festigender Ideale oder Weltanschauungen, auf die die betreffende Person ihr bisheriges Leben zumindest teilweise aufgebaut hat." (Siehe Quellennachweise)

Dieses erlittene Trauma ist selten allein zu überwinden. Die meisten Beznessopfer benötigen dazu eine langjährige therapeutische Hilfe.

Zu der Erkenntnis, dass das Zusammensein auf einer Lüge aufgebaut war, kommen oft noch finanzielle Probleme, die aufgenommenen Kredite müssen weiter bedient werden, das Gefühl der Wertlosigkeit und die stets nagende Frage nach dem Warum. Diese psychische Belastung ist bei manchen Frauen so groß, dass sie schon mehrere Selbstmordversuche hinter sich haben und als latent suizidgefährdet gelten, was dann langandauernde Klinikaufenthalte nach sich zieht.

Nicht außer Acht gelassen werden sollte die körperliche Gewalt, der die Frau und oft auch die Kinder ausgesetzt sind. Es passiert leider immer noch zu selten, dass die Peiniger angezeigt werden. Teils geschieht dies aus tief sitzender Angst heraus nicht, teils jedoch auch deswegen nicht, weil die Frau auf Besserung hofft und seinen Beteuerungen, dass es ihm leid tut, glaubt.
Bezness macht nicht nur krank, Bezness verursacht auch Schmerzen!

*

Nun sind wir am Ende unserer Ausführungen. Wir glauben fest daran, dass sich diese Arbeit gelohnt hat. Gelohnt für die vielen betroffenen Bezness-Opfer und vor allem für diejenigen Frauen und Männer, denen dieses brutale Schicksal durch die Lektüre dieses Buches erspart bleibt.

Mögen auch einige Menschen angesichts der vielen schrecklichen Schicksale aus Unverständnis den Kopf schütteln „Die sind doch selber schuld, wenn sie sich mit so einem/r einlassen" – macht nichts. Wenn nur ein paar weitere Menschen gerettet werden können, bevor sie zu Opfern werden, hat sich diese Arbeit dennoch gelohnt.

*

Auf den folgenden Seiten lesen Sie nun, wo Sie Hilfe finden, wenn Sie betroffen sind, wie eine Selbsthilfe im Vorfeld aussehen könnte, wie und wo Sie sich informieren können und letztendlich was Bezness die Gesellschaft kostet.

*

Hilfe zur Selbsthilfe mit Fragebögen

Eine erste Analyse können Betroffene, die sich noch nicht sicher sind, ob sie einem Beznesser zum Opfer gefallen sind, selbst durchführen.

Zusammen mit **Dr. Yvonne Arnhold** und **1001Geschichte**-Ansprechpartnerin **Martina Plesse** haben wir Fragebögen entwickelt, die den Betroffenen die Entscheidung leichter machen sollen, ob sie ihr künftiges Leben wirklich mit einem Menschen aus einem anderen Kulturkreis teilen wollen.

1. Fragebogen zur bi-nationalen Beziehung
*Ausgearbeitet von **Fachtherapeutin Psycho-Therapie** (HPG) Dr. Yvonne Arnhold und Evelyne Kern.*

Bitte alle 24 Punkte des Fragebogens Nr. 1 mit ihm/ihr diskutieren. Es hilft Ihnen, sich darüber klar zu werden, ob Sie eine solche Beziehung tatsächlich eingehen wollen. Und es hilft, besser zu erkennen, ob hier Bezness im Spiel ist oder nicht.

1. Erinnert Sie Ihr derzeitiger Partner an eine frühere Beziehung?

2. Erinnert er sie an eine Figur aus einem Märchen, z. B. aus 1001 Nacht?

3. Was genau versprechen Sie sich von dieser Beziehung?

4. Was versprechen Sie sich von dieser Beziehung, das sie von einer gleichnationalen nicht zu bekommen glauben?

5. Was ärgert Sie an Ihrem Partner vielleicht jetzt schon?

6. Was würden Sie an Ihrem Partner gern verändern? Gibt es dafür eine realistische Möglichkeit?

7. Was genau wünscht sich Ihr Partner von Ihnen an Veränderung? Haben Sie ihn schon einmal konkret danach gefragt? Wären Sie bereit, sich entsprechend zu verändern?

8. Was genau wissen Sie über das Land, aus dem Ihr Partner kommt und die dort herrschenden Traditionen?

9. Wie steht es mit den beiden Muttersprachen? Verstehen Sie sich auch wirklich? Wird eine dritte Sprache zur Verständigung herangezogen?

10. Wie sichern Sie sich finanziell ab?

11. Was geben Sie für die neue Beziehung auf? Was genau wird Ihnen dann fehlen?

12. Sind gemeinsame Kinder ein Thema? Wie genau wollen Sie sich die entsprechenden Rechte sichern?

13. Verlangen Sie von Ihrem Partner mehr Anpassung und mehr Veränderung als Sie sich von einem gleichnationalen Partner zu verlangen trauten?

14. Was muss Ihr Partner an eigener Weltanschauung und eigenen Werten (Lügen und Unzuverlässigkeit zählt in vielen Ländern zu den Gepflogenheiten, die das Gesamtgefüge halten sollen), aufgeben, damit Sie sich nicht von ihm trennen?

15. Was bedeutet für Sie „Familie" und was bedeutet es für ihn?

16. Welche Art Besitzdenken haben Sie? Sind Sie bereit, Ihr Eigentum mit einer doch recht fremden Familie zu teilen oder wollen Sie es nur mit dem Partner teilen? Wäre das in seinem Land realisierbar?

17. Woran machen Sie „wahre Liebe" fest? Wie realistisch ist dieser, Ihr ganz persönlicher „Liebeskodex"? Hält er einer realistischen Überprüfung stand, oder könnte dieser Ihre vielleicht sehr hohen Ansprüche, nur ein „Traummann" über längere Zeit erfüllen?

18. Inwieweit prägen romantische oder urlaubsmäßige Vorstellungen vom Land Ihres Partners (immer Sonne, Meer und Palmen, Sonnenuntergänge und Liebe am Strand) Ihre Liebe?

19. Welchen sozialen Status hat Ihr Partner in seinem Land?

20. Wenn Sie ganz ehrlich sind, wollen Sie sich vielleicht einen lebenslangen „Dauer-Lover" kaufen?

21. Was wissen Sie wirklich vom Seelenleben und den Problemen Ihres Partners? Wie viel Prozent Ihrer Gespräche drehen sich um Sie und wie viel um ihn? Gibt es überhaupt „Gespräche"?

22. Wollen Sie vielleicht auch ein bisschen missionieren im anderen Land und dort für Frauenrechte kämpfen? Wenn ja, gäbe es dafür andere Wege.

23. Glauben Sie vielleicht (ganz heimlich, innen drin), keinen gleichnationalen Partner (mehr) abzukriegen?

24. Fühlen Sie sich vielleicht besonders vom Bubenhaften (wahlweise Machohaften) Ihres Partners angezogen? Glauben Sie, dass Ihnen das in ein paar Jahren auch noch gefällt?

Achtung: Je mehr Sie sich über eine dieser Fragen empören, umso intensiver sollten Sie darüber nachdenken!

*

Fragebogen Nr. 2
*Dieser enthält sehr wichtige Informationen für bi-nationale Eheschließungen, ausgearbeitet von **Martina Plesse** – langjährige Ansprechpartnerin bei **CiB e.V.**.*

Wer sicher gehen will, sollte sich folgende Punkte in Ruhe durchlesen und mit dem Partner besprechen. Manchmal kommen dann schon Zweifel auf. Fragen werden vielleicht nicht beantwortet oder die Reaktion auf gezielte Fragen ist nicht so, wie Sie sich das erhofft haben. Machen Sie sich Notizen zu den einzelnen Fragen. Wenn Sie keine oder keine befriedigenden Antworten bekommen, haken Sie nach. Lassen Sie sich

Dokumente wie Pass und Geburtsurkunde auf jeden Fall zeigen. Falls es möglich ist, kopieren Sie diese Dokumente auch. Das mag ein wenig mühsam anmuten und am Anfang einer Beziehung, bei der Verliebtheit vorherrscht, auch vielleicht von Ihnen als zu misstrauisch oder nicht als sinnvoll erachtet werden, aber die Mühe lohnt sich, um ggf. Bezness erkennen oder auch ausschließen zu können.

Sollte er/sie es ablehnen, zu diesen Fragen Antworten zu geben, empfehlen wir auf jeden Fall, die Finger von dieser Beziehung zu lassen. Wer nichts zu verbergen hat, kann auf diese allgemeinen Fragen durchaus antworten. Lassen Sie sich diese Antworten aber, wenn möglich, auch irgendwie belegen. Glauben Sie bitte nicht, was Sie nur von ihm/ihr gehört haben. Aufgrund unserer bisherigen Arbeit raten wir Ihnen, sich eingehend mit dem Thema zu beschäftigen, bevor Sie sich auf eine Beziehung einlassen, die Ihr ganzes Leben auf den Kopf stellen wird und das meist nicht zu Ihrem Glück und Ihrer Zufriedenheit.

*

1. Tabellarischer Lebenslauf (detailliert!!)
✓ Persönliche Daten (Geburtstag, -ort, etc.)
✓ Ausbildung, Abschluss (Zeugnis?)
✓ Beschäftigung nach Ausbildung (lückenlos für jedes Jahr mit Angabe Arbeitgeber, Zeugnisse)

- ✓ Sprachen (welche? Kenntnisse in Wort und Schrift?)
- ✓ Bescheinigungen?
- ✓ Führerschein? Welchen? Ist er in Deutschland ohne erneute Prüfung anerkannt?

2. Seine Familie
- ✓ Vater (Alter, derzeitiger Beruf, frühere Berufe? Wo arbeitet er? In welchen finanziellen Verhältnissen lebt die Familie?)
- ✓ Mutter (Alter, Beruf)
- ✓ Geschwister (welche? Alter? Beruf? verheiratet, mit wem? bi-national? Kinder?)
- ✓ Leben weitere Verwandte dort oder in Europa? Welche und wo?

3. Wie stellt sich er/sie sein/ihr Leben in Deutschland vor?
- ✓ Spricht er/sie deutsch? Wie verständigen Sie sich mit ihm/ihr?
- ✓ Was weiß er/sie über Deutschland und seine Traditionen?
- ✓ Ist er/sie bereit, sich diesen Werten anzupassen? (Der Gast passt sich den Werten des Gastlandes an!)
- ✓ Wie wichtig ist ihm, eine „unberührte" Frau zu heiraten? Sind sie z. B. seine erste Frau? Haben Sie bereits Kinder? Wie steht er dazu?
- ✓ Hat sie Kinder, waren Sie schon einmal verheiratet? Haben die Kinder Kontakt zu ihrem Vater?

✓ Kennt er/sie die Lebenshaltungskosten in Deutschland? Kennt er/sie den Arbeitsmarkt in Deutschland? Welche Art Arbeit ist er/sie bereit anzunehmen? Reicht das auch für eine Familie, wenn Sie Kinder bekommen?

✓ Was bedeutet für ihn/sie Familie?

✓ Wie wichtig ist für ihn/sie, in Deutschland Kontakt zu Landsleuten zu unterhalten? In welchem Umfang?

✓ Stimmt er zu, dass Sie auch nach der Heirat allein ausgehen (Freundinnen treffen, Fitness-Training, Tanzen, etc.)?

✓ Inwieweit prägen Wunschvorstellungen sein/ihr Bild von Ihnen und Deutschland? Darüber müssen Sie sich vor einer eventuellen Ehe klar werden.

4. Können Sie sich ein Leben in seinem/ihrem Land vorstellen?

✓ Was wissen Sie über sein/ihr Heimatland und seine Traditionen?

✓ Sind Sie bereit, sich diesen Werten anzupassen? (Der Gast passt sich den Werten des Gastlandes an!!)

✓ Glauben Sie, dass Sie als Frau in seinem Land geachtet werden?

✓ Was bedeutet für Sie Familie?

✓ Inwieweit prägen Wunschvorstellungen Ihr Bild von ihm/ihr und seinem/ihrem Heimatland? (Darüber müssen Sie sich vor einer eventuellen Ehe klar werden)

5. Besser kennenlernen

✓ Wäre er/sie bereit, mit einem Touristenvisum ein halbes Jahr in Deutschland zu leben, damit Sie ihn/sie im Alltag und nicht nur unter Urlaubsbedingungen kennenlernen? Vorausgesetzt, Sie wollen bei einer evtl. Ehe in Deutschland leben.

✓ Welchen finanziellen Anteil wäre er/sie bereit, für diesen Aufenthalt beizusteuern?

✓ Warum wird (von Ihnen oder von ihm/ihr) so schnell auf Heirat gedrängt?

✓ Warum und wann hat er/sie schon mal ein Touristenvisum beantragt? Warum ist dies abgelehnt worden (Details erfragen), wer hat für das Touristenvisum die Einladung ausgesprochen?

6. Heirat

✓ Wie stellen Sie sich Ihre Heirat vor? (Zuerst Hochzeit in XX? Dann in Deutschland? Keine Blitzhochzeit mit 2 Trauzeugen!!!! Dies sollte der „schönste Tag" Ihres Lebens sein.)

✓ Erwarten Sie vor einer evtl. Heirat, dass er/sie Ihre Familie kennenlernt und Sie seine/ihre?

✓ Hat er für Sie eine „Morgengabe" vorgesehen (wie in seinem Land eventuell üblich)? Welche? Wenn nein, warum nicht?

✓ Wie stellt er/sie sich das Eheleben vor? Stellung der Frau in der Familie, bei der Kindererziehung, im Beruf, im Eheleben.

7. Ehevertrag

✓ In orientalischen Ländern sind Eheverträge meist üblich. Dort abgeschlossene Eheverträge nehmen aber nicht auf die Umstände einer europäischen Ehefrau/eines europäischen Ehemannes Rücksicht und gelten hier in Deutschland nicht.

✓ Um in Deutschland ohne Einschränkung gültig zu sein, sollte der Ehevertrag hier durch einen darauf spezialisierten Notar notariell beurkundet werden. Das geht nur im Beisein beider Partner.

✓ Im Internet findet man Muster von Eheverträgen. Diese sollte man Punkt für Punkt durchsprechen. Hat er/sie bei irgendeinem Punkt Schwierigkeiten? Falls ja, warum? Ist er/sie bereit, diesen Ehevertrag zu unterschreiben?

✓ Wegen der besonderen rechtlichen Situation in seinem/ihrem Heimatland sollte anschließend eine beglaubigte Übersetzung des Ehevertrags auch in seinem Land notariell vollzogen werden. Ist er/sie damit einverstanden?

✓ Für ihn/sie gibt es keinen Grund, einen solchen Ehevertrag nicht zu unterschreiben. Der Ehevertrag dient seiner/ihrer Sicherheit!

8. Kinder

✓ Bestimmte „Grundrechte" verbindlich festlegen! (siehe auch Ehevertrag)

✓ Sollen die Kinder in Deutschland aufwachsen und hier erzogen werden? Wie steht er/sie z. B. zum Christentum, wie steht er/sie zu Ihrer Religion? Wie religiös ist er/sie selber?

✓ Nach welchem Glauben werden die Kinder erzogen? Sollen Jungen/Mädchen beschnitten werden?

✓ Sind Sie über das Sorgerecht etc. im Heimatland des Vaters informiert?

✓ Sind Sie darüber informiert, dass eine Ausreise von Ihnen oder den Kindern vom Vater z. B. in Ägypten verboten werden kann?

✓ Würde er zustimmen, notariell in seinem Land festlegen zu lassen, dass Sie jederzeit auch mit gemeinsamen Kindern aus seinem Land ausreisen dürfen?

Es ist ein richtiges Stück Arbeit, all diese Themen Punkt für Punkt durchzusprechen und zu diskutieren. Es ist jedoch absolut notwendig, um Ihre künftige Verbindung auf eine tragfähige Basis zu stellen. Bitte einigen Sie sich zu jedem Punkt. Er/Sie wird das verstehen, wenn er/sie dauerhaft mit Ihnen leben möchte.

Wir möchten noch darauf aufmerksam machen, dass die Beantwortung dieser Fragen natürlich keine Garantie dafür ist, nicht einem Beznesser/einer Beznesserin aufgesessen zu sein. Es verringert aber das Risiko.

*

Die Fakten, die Hilfe und was Bezness den Staat kostet

Hier sind Fakten, über die sich bislang wohl niemand Gedanken gemacht hat. Wir, die **1001Geschichte**-Ehrenamtlichen dafür umso mehr. Wir haben eine Zusammenfassung erstellt, die nicht nur dem Bürger, sondern auch den Politikern die Augen ein Stückchen weiter öffnen werden. Da sind Fakten zusammengekommen, die man nicht von der Hand weisen kann.

Selbstverständlich weise ich darauf hin, dass diesen Ausführungen ausschließlich die Fallbeispiele und hochgerechneten Zahlen und Fakten aus den letzten sechs Jahren der Vereinsarbeit zugrunde liegen.

Bezness – so nennen junge Nordafrikaner und Türken aus den Hochburgen des Massentourismus ihre Einnahmequelle – und seit Jahren funktioniert es. Jährlich fließen Millionen Devisen in nordafrikanische und türkische Taschen – und die jeweiligen Regierungen lassen das zu.

Systematischer, interkultureller Heiratsschwindel

Sehr viele Frauen verlieren auf diese Weise ihr gesamtes Hab und Gut, nur weil sie sich verlieben. Dazu kommt, dass Vorurteile und verbale Aussagen der Mitmenschen, die immer noch der Meinung sind, der an ihnen vollzogene Betrug sei ihrer eigenen Dummheit zuzuschreiben, die Sache nicht gerade erleichtern. „Liebe macht eben blind" und das ist nicht nur ein dummer Spruch, sondern ein naturwissenschaftlich nachweisbarer Tatbestand. (Quellennachweis)

Kein Recht für deutsche Frauen

In den meisten Fällen aber waren die Frauen sehr vorsichtig. Sie haben sich vorher über das Land und seine Gesetze informiert, haben Belege und entsprechende Eheverträge. Klagen vor der dortigen Justiz sind jedoch sinnlos. Keine deutsche Frau hat jemals Gerechtigkeit erfahren, selbst dann nicht, wenn sie schriftlich belegen kann, dass sie ihr eigenes Geld ins Land gebracht hat.
Ausgenommen, völlig mittellos und traumatisiert kehren viele nach Deutschland zurück. Die Deutschen Botschaften in islamischen Staaten kennen das Problem nur zu gut. Sehr viele Frauen bitten dort um Hilfe. Sie alle haben sich im Urlaub, zuhause oder im Internet in einen Ausländer verliebt, ihm alles gegeben und am

Ende nicht nur ihre große Liebe verloren. Es handelt sich um Hunderttausende Euro, die dort buchstäblich in den Sand gesetzt werden. Oft werden deutsche Frauen misshandelt, eingesperrt und gebrochen. Der Kampf um ihre Kinder ist eine seelische Grausamkeit ohnegleichen. Einige Geschichten enden sogar mit einem Mord an der Frau.

Die Hilfe

Im Jahr 2002 wurde die Internetseite **1001Geschichte. de** und weil es wegen der vielen Hilferufe dringend erforderlich war, die Interessengemeinschaft **CiB** gegründet. Im März 2006 dann der eingetragene Verein **CiB e.V.**, der Ende 2013 mangels öffentlicher Unterstützung leider aufgegeben werden musste.

2008 wurde 1001Geschichte, verziert mit der türkischen Flagge, gehackt. Sie musste komplett neu aufgebaut werden. Bis zum heutigen Tag kann die Internetseite 1001Geschichte.de seit 2008 auf mehr als 4,5 Millionen Zugriffe und über 4.500 Nutzer verweisen. In hunderttausenden Beiträgen schrieben bisher Betroffene im Forum über ihre Schicksale. Hunderte wahre Geschichten, es kommen ständig neue hinzu, sprechen für sich selbst. 1001Geschichte.de ist Europas größte Plattform im Kampf gegen Bezness.

Man kann hier also mit Sicherheit nicht von Einzelschicksalen sprechen. Das Geschäft mit europäischen Frauen in orientalischen Ländern hat System und Ausmaße angenommen, die Sorge machen. Ausländerbehörden und deren Dienstherren, die Innenministerien, wissen um die Problematik. So schreibt z. B. das **Innenministerium Mecklenburg-Vorpommern** (das Schreiben liegt bei uns vor): ... *Die Problematik ist auch in Mecklenburg-Vorpommern nicht unbekannt. Ihr ist aber behördlicherseits nur sehr schwer zu begegnen. Gespräche mit jungen Frauen, die wegen ihres Nachzugs ihres ausländischen Ehemannes in den Ausländerbehörden oder hier im Innenministerium vorsprechen, zeigen in den meisten Fällen, dass die Frauen sich der allgemeinen Risiken einer Ehe mit einem ihnen fast unbekannten Ausländer durchaus bewusst sind, im eignen Fall dies aber abwehren.*

In diesem Zusammenhang verweise ich auf das AMIGA-Syndrom.

Gerechtigkeit für Betroffene

Inzwischen haben sich zahlreiche Frauen gemeldet und alle wollen das Gleiche – **Gerechtigkeit**. Denn alle haben außer ihrer verlorenen Liebe und der großen menschlichen Enttäuschung eines gemeinsam: Keine einzige hat jemals, obwohl sie fast alles belegen können, ihr Recht bekommen.

Wir konnten zwar zahlreichen Betroffenen helfen und ebenso viele Frauen davor bewahren, dem oben genannten Schicksal zu entgehen, aber es muss noch mehr öffentliche, zusätzliche Prävention und vor allem **mehr** Unterstützung, die über ein **Dankesschreiben*** (siehe Seite 249) hinausgeht, stattfinden, die in größerem Umfang nur mit öffentlichen Mitteln möglich ist.

Weshalb es sinnvoll ist, 1001Geschichte zu fördern und zu unterstützen

- Weil diese Hilfeseite, die inzwischen zum größten Forum Europas auf diesem Gebiet wurde und täglich rund um die Uhr zahlreichen Betroffenen Hilfe und Beratung bietet. Hier arbeitet eine ganze Riege von engagierten Frauen ehrenamtlich als Moderatoren, Ansprechpartner und Administratoren.
- Weil sie über sachkundige und kompedente Ansprechpartner auf dem Forum verfügt
- Weil sie Hilfe in Notlagen bietet
- Weil sie zum Schutz weiterer Betroffener eine umfangreiche Schwarze Liste potenzieller Beznesser führt, die schon viele Betroffene vor dem Schlimmsten bewahrt hat.

Bis zum heutigen Tag geschieht das alles ausschließlich ehrenamtlich, der Vorstand und die freiwilligen Mitarbeiter investieren jede freie Minute in die Arbeit bei **1001Geschichte**. Um die Weiterarbeit zu garantieren, ist daher eine Professionalisierung dieser Arbeit unvermeidbar, wenn nicht über viele Jahre erworbene Kompetenzen und Erfahrungen verloren gehen sollen.

1001Geschichte hilft der Gesellschaft

So wie 1001Geschichte.de der Gesellschaft und somit dem deutschen Staat hilft, dass durch die stattfindende Aufklärung Frauen ihren betrügerischen Urlaubslieben gar nicht erst die Möglichkeit einräumen, durch entsprechende Einladungen nach Deutschland einzureisen und somit dem deutschen Staat enorme Summen einspart, die in den meisten Fällen (Sozialhilfe, Arbeitslosigkeit der ausländischen Ehemänner, spätere Abschiebekosten, etc.) zwangsläufig entstehen, so sollte die Gesellschaft die Arbeit von **1001Geschichte** anerkennen und den Ehrenamtlichen entsprechende langfristige Hilfe zuteil werden lassen. Ggf. müssen Gesetzesänderungen beschlossen werden, die ein schnelles Aufenthaltsrecht hinausschieben und die es den Frauen ermöglichen, eine Klage in besagten Ländern erfolgreich durchführen zu können, um ihr durch Betrug verlorenes Hab und Gut wieder zu erlangen und insbesondere auch ihre Kinder mit zurück nach

Deutschland nehmen zu können, was ihnen bisher versagt bleibt.

Die deutsche Regierung sollte Einfluss auf die betroffenen Länder nehmen, um die dortige generell abweisende Rechtspraxis gegen deutsche Klägerinnen zu beenden und um bei Streitigkeiten um Kindschaftsverhältnisse und Vermögenswerte den Frauen Gerechtigkeit zuteilwerden zu lassen.

Kosten für die deutsche Gesellschaft

Fallbeispiel: Einheirat und Einreise eines Beznessers nach Deutschland. Nach 3 Jahren Trennung und Scheidung von seiner deutschen Frau (Annahme: keine Kinder!). Danach wird eine arabische Frau (Jungfrau) geheiratet und nach Deutschland geholt. Es werden Kinder geboren.

Es wird in diesem Fall davon ausgegangen, dass die Kosten für die Beznesser-Familie vollständig vom deutschen Staat getragen werden müssen. Beznesser verfügen im Regelfall nicht über Berufsausbildungen, die in Deutschland anerkannt werden. Im Normalfall sind diese Leute gering oder gar nicht qualifiziert. Außerdem zeigt die Erfahrung leider, dass in einigen Fällen als „Nebentätigkeit" der Drogenhandel aufgenommen wurde; neben den sonst bekannten Schwarzarbeiten.

1. Fallkosten durch Beznesser direkt

Miete incl. Nebenkosten, ALG-II-Regelsatz für den Haushaltsvorstand und den Ehepartner, Kindergeld für drei Kinder. Kosten Krankenversicherung, Kosten für Verwaltung/Fallbearbeitung, und natürlich die Rentenversicherungsbeiträge für die Familie.

Es kommt also leicht eine halbe Million Euro für **nur eine Familie** in 20 Jahren zusammen. (Berechnung nach den aktuellen Regelsätzen.)

Nicht mitgerechnet wurden Zuschläge für Schwangerschaft, u. a. einmalige Leistungen sowie die Kosten für die erforderliche Infrastruktur in Schulen (Kindergärten werden in der Regel nicht in Anspruch genommen) etc.

2. Zusätzliche Kosten der Betroffenen

Die deutschen Frauen (Männer sind auch zunehmend betroffen) werden in der Regel in folgender Weise geschädigt:

a) Geldabflüsse:

Unter vielen Vorwänden werden Deutsche dazu gebracht, Geld in die Heimatländer zu transferieren und die Beznesser verstehen es meisterhaft, das oft latent schlechte Gewissen der „reichen Europäer" auszunutzen:

Sei es für die Hochzeit eines nahen Verwandten, die Berufsausbildung eines Bruders, Kosten für einen Rechtsanwalt, Krankenhauskosten für die kranke Mutter – die Liste ist schier unerschöpflich. Zudem werden in diesen Ländern oft Immobilien für eine gemeinsame Zukunft unter südlicher Sonne gekauft – bezahlt aus Deutschland. Durch viele dokumentierte Fälle kann nachgewiesen werden, dass in Rechtsstreitigkeiten vor ausländischen Gerichten stets zu Gunsten der einheimischen Betrüger entschieden wird und oft 6-stellige Beträge verloren gegangen sind.

b) Gesundheitliche Schäden:
Viele Frauen sind durch ihre Erfahrungen traumatisiert. Das Spektrum der Folgen (und der erneut damit verbundenen gesellschaftlichen Kosten) reicht von einfacher Psychotherapie bis hin zur Erwerbsunfähigkeit. Viele Frauen leiden dabei unter den Folgen von physischer und psychischer Gewaltanwendung – bis hin zu Knochenbrüchen und Vergewaltigungen. Wir werden auch mit Morden konfrontiert.

c) Sorgerechtsstreitigkeiten:
In der Regel sehen die muslimischen Väter die Kinder als ihr Eigentum an. Immer wieder kommt es zu Kindesentführungen in diese Länder oder dort lebenden Frauen wird die Mitnahme ihrer Kinder in ihr Heimatland verwehrt.

Oft werden Kinder misshandelt und auch als Mittel zur Erpressung von Geld aus Deutschland benutzt.
Diese Kosten für die betroffenen Deutschen lassen sich nur durch intensive Recherche ermitteln.

Nachfolgend ein bei uns hinterlegtes Beispiel <u>nur einer</u> Betroffenen (Geschichte 07 in diesem Buch)
Zeitraum 6 Jahre für Mutter und Kinder:

Unterhaltsvorschuss 6 Jahre	25.920 €
Begleiteter Umgang 3 Jahre	7.680 €
Angeordnetes Gerichtsgutachten ca.	3.000 €
Hartz IV Mutter/Kinder 6 Jahre	50.400 €
Kinderpsychiatrische Tagesklinik	22.046 €
Fahrkostenerstattung Krankenkasse	1.521 €
Therapie Mutter 25 Sitzungen	2.000 €
Das sind schon mal	***112.567 €***

Die Musiktherapie für zwei Kinder wurde durch Spendengelder finanziert, ebenso die Kosten für die Kinder-Rückführung nach Deutschland.
Dazu kommt: Für die Gerichts- und Anwaltskosten können wir nur den jeweiligen Streitwert ansetzen, da uns die tatsächlichen Kosten für Anwalt und Gericht nicht bekannt sind. Diese wurden mit Prozesskostenhilfe (PKH), also auch vom Staat, finanziert.
Auch die Kosten für die Scheidung wurden für beide Ehepartner durch PKH abgedeckt. Rechnen wir hier nur mal 2.000 €.

Und zu guter Letzt, der tunesische Ehemann kassierte ebenfalls in sechs Jahren insgesamt 50.400 Euro Hartz IV, sodass wir insgesamt auf **164.967,00 EURO** plus der PKH kommen, die vom Staat, also von uns, bezahlt wurden.

Auch lebt die Mutter mit den beiden Kindern, weil es wegen der immer noch traumatisierten Kinder nicht anders geht, weiterhin von Hartz IV, vielleicht noch viele Jahre. Der Vater ist inzwischen wieder nach Tunesien übersiedelt und fällt dem deutschen Staat nicht mehr zur Last.

*

Zu beachten ist, dass dieses Phänomen in dieser Form seit ca. 20 Jahren existiert und es ist leicht auszurechnen, welche Sozialkosten unserer Gesellschaft dadurch bisher entstanden sind und in den nächsten Jahren noch entstehen werden. Hochgerechnet kommen also durch Beznesser direkt und die Folgekosten für geschädigte deutsche Mütter und Kinder Milliardenbeträge zusammen.

Welchen Schaden **1001Geschichte** und der Verein bisher durch seine Beratungsarbeit bereits von unserer Gesellschaft abwenden konnte, lässt sich nur erahnen.

Durch die persönliche Beratungsarbeit bei uns und im Forum 1001Geschichte.de haben die Ansprechpartner in sehr vielen Fällen Heirat und Einreise solcher Beznesser nach Deutschland verhindern können. Der somit abgewendete Schaden hat dem Staat sehr viel Geld gespart.

Hier sei nochmals angemerkt, dass es sich in unseren Ausführungen ausschließlich um Beznesser und Sozialbetrüger handelt. Von ganz normalen bi-nationalen Beziehungen und Ehen ist hier nicht die Rede.

Um diese Arbeit fortsetzen zu können, muss man sich von der rein ehrenamtlichen Tätigkeit abwenden, da man davon ausgeht, dass die Arbeit in den nächsten Jahren noch zunimmt. Dafür benötigt **1001Geschichte** Unterstützung, die bisher versagt blieb.

3. Langfristige Zielsetzungen

1) Ausländerpolitik
Für Deutschland wäre eine Gesetzesänderung erforderlich, damit nicht nach drei Jahren Ehe schon ein Daueraufenthalt möglich ist. Sich drei Jahre lang zu verstellen, gelingt den Beznessern erfahrungsgemäß gut. Wird die Frist jedoch auf fünf Jahre oder mehr erhöht, ist dieses Geschäft nicht mehr attraktiv und die Sache wird für den deutschen Staat wesentlich billiger.

2) Außenpolitik – Auslandsvertretungen

Die deutschen Vertretungen in den entsprechenden Ländern kennen das Bezness-Problem sehr gut. Leider hat man sich daran gewöhnt, das Problem auszuhalten anstatt den Betroffenen wirklich zu helfen. Hier könnte es von „höherer Seite" Direktiven geben, das Problem als nicht existent zu behandeln. Möglicherweise möchte man dem Vorwurf von Ausländerfeindlichkeit entgehen, der ja – bedingt durch die deutsche Geschichte – immer sehr wirksam ist.

Es ist an diesem Punkt nachdrücklich darauf zu verweisen, dass es sich hier um die Bearbeitung einer strukturell-großflächig angelegten Kriminalität – um einen interkulturellen Heiratsschwindel handelt. Mit Ausländerfeindlichkeit hat das nichts zu tun.

Die deutsche Außenpolitik hat hier einen großen Einfluss. Immerhin sind die genannten Länder vom deutschen Tourismus (oft in ungesunder Weise) stark abhängig.

Die Abwehr der Folgen ist geboten und es darf Politikern nicht gestattet werden, sich hier bequem herauszuhalten, wenn man sich die langfristigen Folgen für die deutsche Gesellschaft und die direkten Folgen für die deutschen Sozialsysteme vor Augen hält!

3) Familien- und Sozialpolitik

Hier gilt es den Faktor „Kosten", sowie den Problembereich „Schutz von Frauen" im Sorgerecht um Kinder zu beachten. Eine breite Information zur Besonderheit solcher gemischt-kultureller Ehen in Konfliktfällen ist anzustreben.

Politische Relevanten wie „Betreuungsgeld für zu Hause bleibende Kinder" stellen hier einen zusätzlichen finanziellen Anreiz für Beznesser dar. Die Integration von Kindern wird weiter verschlechtert, was langfristig die Gesellschaft teuer zu stehen kommt.

4) Wissenschaftliche Erforschung

Hier sind zwei Wissenschaftsgebiete vorrangig von Interesse:

a) Kriminologie

Eine Zusammenarbeit mit einem Institut für Kriminologie einer deutschen Universität könnte Informationen über die Dunkelziffer erbringen und eine Bewertung dieses Kriminalitätsphänomens im Sinne sich wandelnder Rechtsnormen erbringen, die auch auf politische Stellen Einfluss nehmen könnte.

b) Strafjustiz und Zivilrecht

In Hinsicht auf Straftaten gegen Deutsche in den vorne genannten Ländern sollte geprüft werden, ob hier nicht internationales Recht Anwendung finden kann. Immerhin sind die UN-Charta und die allgemeine Erklärung der Menschenrechte auch von diesen Ländern unterschrieben worden! **Bezness soll als Straftat anerkannt werden!**

Fazit

Bei den dokumentierten Fällen handelt es sich bei der Beznesser-Kriminalität zwar um eine Randerscheinung im deutschen Rechts- und Sozialsystem, deren Kosten allerdings eine Größenordnung haben, die – besonders in Zeiten leerer Kassen – nicht ignoriert werden darf.

Bei langfristig wirksamen Ansprüchen von vielen Millionen Euro, die durch dieses Phänomen jedes Jahr neu entstehen, sind Gesellschaft und Politik aufgerufen zu handeln.

Wenn es gelänge, durch eine intensivere Betreuung Betroffener die Fälle, die aus Zeit- und Personalmangel nicht bearbeitet werden können, erfolgreich zu sein, würde das der Gesellschaft zusätzlich viele Millionen Euro ersparen!

*

Anerkennung und Allgemeines

Mir liegen zahlreiche Dankesschreiben betroffener Personen vor, die wir vor dem Schlimmsten bewahren konnten. Frauen die wir aus Notsituationen retten konnten, hinterließen ihren Dank und ihre Anerkennung. Aber es gibt auch Schreiben von Behörden, Polizeipräventionen, Frauenhäusern und sogar aus dem **Bundeskanzleramt**. Hier ein Auszug aus einem Schreiben vom 9. Mai 2011 aus dem Büro der Bundeskanzlerin:

... Ihre Homepage habe ich mit Interesse zur Kenntnis genommen. Es gibt mir die Gelegenheit, Ihnen für das Aufgreifen dieses sensiblen Themas und Ihre wichtige Arbeit zu danken. Das Problem ist – wie Sie ja bereits wissen – kaum mit den Mitteln des Rechtes zu lösen. Die Aufklärung von Frauen, von potentiellen Opfern, ist deshalb besonders wichtig. Hierzu leisten Sie einen wesentlichen Beitrag. Insbesondere in der Prävention, aber auch bei der Unterstützung von betroffenen Frauen, macht sich Ihr Verein verdient ...

Allgemeines:

- 1001Geschichte.de ist die einzige Organisation, welche sich mit diesem Thema seit 10 Jahren so intensiv auseinandersetzt.
- Viele der ehrenamtlichen Mitarbeiter sind selbst Betroffene.
- Mitarbeiter mit jahrelanger Erfahrung von Bezness-Fällen.
- Verbindungen ins Ausland, z. B. zu Konsulaten und Anwälten im Ausland sind vorhanden, müssen aber weiter aufgebaut werden.
- **1001Geschichte** agiert bundesweit und sogar aus der Schweiz, Österreich und den Niederlanden finden Betroffene den Weg zum Hilfeverein.

Mit Ihrer Spende helfen Sie uns, die Hilfeseite 1001Geschichte.de, die natürlich mit Kosten verbunden ist, zu erhalten und rund um die Uhr zu betreuen.

SPENDENKONTO:
IBAN: DE56 7734 0076 0134 8788 01 -
BIC: COBADEFF773

Wir danken Ihnen herzlich!

Literatur zum Thema

Spannende Bücher wahrer Bezness-Geschichten

Sand in der Seele
Evelyne Kern, ISBN 9783939478-041

Der Teufel kochte tunesisch
Michael Dunkel, ISBN 9783939478-027

Der Heuchler aus dem Morgenland
Anita Wasmundt, ISBN 9783939478-089

Bucht der trügerischen Leidenschaft
Hannelore di Guglielmo, ISBN 9783939478-119

Das Glück schrieb die Rechnung
Janine Nicolai, ISBN 9783939478-171

Zurück nach Ägypten
Ursula und Katrin Busch, ISBN 9783939478-195

Das kalte Herz des Mandinka
Veronika Geiger, ISBN 9783939478-348

Alle Bücher sind im Buchhandel erhältlich.

Die Presse über Bezness

Folgende Medien haben u. a. bereits über Bezness und Evelyne Kern berichtet: nachzulesen unter http://www.1001geschichte.de/presse/

TV:
Sat1 – Frühstücksfernsehen, Sat1 – AKTE, ZDF – Mona-Lisa, ZDF – 37°, ZDF – Volle Kanne, ARD – Brisant, WDR – FrauTV, WDR – Cosmos TV, SRW – Nachcafé, RTL – Stern-TV, ARTE, und viele andere.

Radio:
Radio Mainwelle, Radio Tübingen, Bayern 3, u. a.

Print:
Bild der Frau, Bild am Sonntag, myself, Abendzeitung, Frau im Trend, Weltwoche, Mini, Die neue Frau, Viel Spaß, Südkurier, Bella, fem, Neue Züricher Zeitung, Erdinger Anzeiger, Westfälische Rundschau, Nordbayerischer Kurier, Die Zeit, Mach mal Pause, Mühlheimer Woche, Esslinger Zeitung u.v.m.

Außerdem viele Online-Zeitungen, Internetseiten und Blogs.

Quellennachweise

Seite 18 – Nouri Bouzid, tunesischer Filmemacher
http://fr.wikipedia.org/wiki/Nouri_Bouzid

Seite 26 – Dr. Yvonne Arnhold, Fachtherapeutin Psycho-Therapie (HPG) und Autorin (Das Prinz-Charles-Syndrom, Prinzessin Lisa)
http://www.lifecoachingarnhold.de,
Wingwave: www.besser-siegmund.de

Seite 40 – Auf den Spuren der Liebesmafia
http://guidograndt.wordpress.com/

Seite 66 – Romance Scamming
www. Polizei-beratung.de

Seite 84 – Gutmenschen
http://de.wikipedia.org/wiki/Gutmensch

Seite 89 – Wolfgang Bock, Richter am LG Frankfurt a. M. lehrt als Privatdozent für öffentliches Recht an der Universität Gießen sowie am Centrum für Nah- und Mitteloststudien an der Universität Marburg.
http://www.kanzleihomepage.de/mandanteninformationen_beispiele_familie-erbschaft/show/id/233687

Seite 123 – Kosten im Strafvollzug
http://www.uni-siegen.de/fb5/rechtswissenschaften/
froeschle/downloads/sonstiges/pdfs/strafvollzug.pdf

Seite 192 – Ungläubige belügen
(Sure 3,28): Wenn der Moslem angesichts der Über-
macht der „Ungläubigen" sich nicht mehr wehren kann,
dann darf er sich verstellen. In einem solchen Fall ist
es dem Moslem gestattet, sich mit den Ungläubigen
zu befreunden, sie einzuschmeicheln oder zu loben. Er
muss sie nur innerlich verabscheuen und hassen. Mit
Worten darf sich der Moslem so weit verstellen, dass
die Leugnung des Islam erlaubt ist. Wenn der Islam in
„bestimmten Fällen" seinen Anhängern sogar Leugnung
des Glaubens erlaubt, kann man die „Offenheit" oder
„Dialogbereitschaft" der Islamisten im Westen besser
verstehen. Denn, wie einer der größten Gelehrten des Islam (Tabari, Bd.III, S.228f) sagte: „Die Zunge darf (alles) aussprechen; (es ist keine Sünde), solange das Herz
sicher ist".
Frauen im Islam
Die Frau ist das Eigentum des Mannes. Sie muss ihrem
Mann jederzeit verfügbar sein, so wie ein fester Besitz:
Euere Frauen sind euch ein Saatfeld. Geht zu euerem
Feld, wie ihr wollt; ... (Sure 2,223).
http://www.islam-und-toleranz.de/

Seite 199 – Islamarchiv
ZENTRALINSTITUT ISLAM-ARCHIV-DEUTSCH-
LAND STIFTUNG E.V. – SOEST, NORDRHEIN-
WESTFALEN – www. Islamarchiv.de

Seite 219 – Borderline, Depressionen
http://de.wikipedia.org/wiki/Borderline

Seite 234 – Liebe macht blind
Nun wurde vom Schweizer Hirnfoscher Andreas Bartel
belegt, dass der Satz „Liebe macht blind" nicht nur eine
Floskel ist. Er untersuchte 17 Verliebte und konnte mit
Hilfe eines Kernspintomographen beweisen, dass deren
Denkvermögen eingeschränkt ist. http://www.netdoktor.
de/Magazin/Hirnforscher-entzaubern-das-Ra-2482.html